尚德图书

助您轻松考取名校学历

行政管理学

XINGZHENGGUANLIXUE

◎ 主　编：尚德机构学术中心
◎ 编委会：欧　蓬　刘通博　夏　俊　程昕辉
◎ 编　者：杨　萌　谭海青　卢　璐　洪莹莹

（2020 年版）

课程代码：00277

企业管理出版社
ENTERPRISE MANAGEMENT PUBLISHING HOUSE

图书在版编目（CIP）数据

行政管理学 / 尚德机构学术中心主编 . — 北京：企业管理出版社，2020.7

ISBN 978-7-5164-2183-3

Ⅰ . ①行…　Ⅱ . ①尚…　Ⅲ . ①行政管理—管理学　Ⅳ . ①D035

中国版本图书馆 CIP 数据核字 (2020) 第 127321 号

书　　名	行政管理学
主　　编	尚德机构学术中心
责任编辑	蒋舒娟
书　　号	ISBN 978-7-5164-2183-3
出版发行	企业管理出版社

地　　址：北京市海淀区紫竹院南路17号　　　邮编：100048

网　　址：http://www.emph.cn

电　　话：编辑部 (010) 68701661　发行部 (010) 68701816

电子信箱：26814134@qq.com

印　　刷：河北宝昌佳彩印刷有限公司

经　　销：新华书店

规　　格：787毫米 × 1092毫米　16开本　14.25印张　293千字

版　　次：2020年7月第1版　2020年7月第1次印刷

定　　价：43.00元

前　言

知己知彼——了解《行政管理学》

"行政管理学"课程是全国高等教育自学考试行政管理专业专科阶段必考的专业课，也是行政管理专业独立本科段的非管理类专科毕业的考生指定加考专业课。

行政管理学亦称行政学或公共行政学，主要内容有：行政管理学的学科性质、研究内容与方法，以及行政管理学的产生与发展等；行政环境、行政权力、行政职能、行政管理机构、行政管理事务、行政管理行为、行政管理过程、行政管理手段、行政管理规范、行政绩效评估与行政发展等。它体现了政治性和社会性的统一、理论性和运用性的统一、综合性和独立性的统一以及规范性和变异性的统一等特点。在我国，行政管理学理论研究如何为我国的社会主义现代化建设服务，如何为建设新时期的高效、廉洁和诚信的政府服务。

本课程的具体要求是：自学应考者要全面系统地掌握行政管理学的基本理论、基本知识、基本方法；认识行政管理学的基本学科体系和范式架构；了解基础的行政管理规律；培养学生正确分析和解决我国行政管理实践问题的能力，以便更好地从事行政管理工作。

全书思维导图

　　全书思维导图呈现了本书的整体知识脉络，通过导图，读者可以清晰地了解每章所需要掌握的主要知识点。学习的过程是对框架充实的过程，犹如亲手为树干添加一片片的绿叶，是树干的收获也是读者的收获。同样，对于考前复习来说，导图是功不可没的。沿着框架，以点带线，由线及面，能够帮助读者快速地将知识点串联起来，一本书由厚变薄，知识点就都装进读者的脑中了。

行政管理学

第一章 概述
- 第一节 行政管理学的学科性质与研究对象
- 第二节 行政管理学的产生与发展
- 第三节 研究和学习行政管理学的方法

第二章 行政环境
- 第一节 行政环境的特点与类型
- 第二节 经济环境及其对行政管理的影响
- 第三节 政治-社会环境及其对行政管理的影响
- 第四节 文化环境及其对行政管理的影响

第三章 行政权力
- 第一节 行政权力的概念及演变
- 第二节 行政权力的特性及结构
- 第三节 中央政府与地方政府行政权力的关系

第四章 行政职能
- 第一节 行政职能的含义、特点及构成
- 第二节 西方国家行政职能的演变
- 第三节 我国行政职能的转变

第五章 行政管理机构
- 第一节 行政管理机构的特性与作用
- 第二节 行政管理机构的组成方式及其类型
- 第三节 行政管理机构的设置
- 第四节 行政管理机构改革

第六章 行政管理事务
- 第一节 行政管理事务的含义与类型
- 第二节 政府内部行政事务
- 第三节 社会公共行政事务

第七章 行政管理行为
- 第一节 行政管理行为的含义与基本类型
- 第二节 行政组织行为
- 第三节 行政领导行为
- 第四节 行政沟通行为

第八章 行政管理过程
- 第一节 行政管理过程的含义与基本阶段
- 第二节 行政决策
- 第三节 行政执行
- 第四节 行政监督

第九章 行政管理手段
- 第一节 行政管理手段的特点与作用
- 第二节 行政管理手段的基本内容
- 第三节 行政技术手段与电子政务

第十章 行政管理规范
- 第一节 行政管理规范的含义与类型
- 第二节 行政管理规范的内容构成与基本功能
- 第三节 依法行政与以德行政及其相互关系

第十一章 行政绩效评估
- 第一节 行政绩效评估的特点与作用
- 第二节 行政绩效评估的指标体系与评估程序
- 第三节 行政绩效评估的方法
- 第四节 行政绩效的制约因素及其克服途径

第十二章 行政发展
- 第一节 行政发展的特点与模式
- 第二节 行政发展的动力和阻力
- 第三节 行政发展途径

目　录

第一章 概述

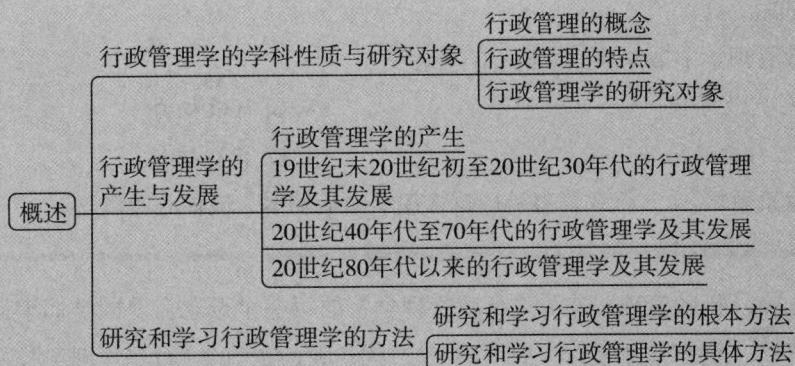

概述
- 行政管理学的学科性质与研究对象
  - 行政管理的概念
  - 行政管理的特点
  - 行政管理学的研究对象
- 行政管理学的产生与发展
  - 行政管理学的产生
  - 19世纪末20世纪初至20世纪30年代的行政管理学及其发展
  - 20世纪40年代至70年代的行政管理学及其发展
  - 20世纪80年代以来的行政管理学及其发展
- 研究和学习行政管理学的方法
  - 研究和学习行政管理学的根本方法
  - 研究和学习行政管理学的具体方法

第一节 行政管理学的学科性质与研究对象

知识点 1

▶ **行政管理的概念** ☆☆

　　行政管理是行政管理学中最基本、最核心的概念。行政管理是指国家行政机关依法对公共事务及其内部事务管理的总和。

▶ **知识解读**

　　本知识点的考查题型一般为选择题。

　　同学们要着重记忆行政管理的概念。

▶ **小试牛刀**

单选题

行政管理学中最基本、最核心的概念是（　　　　）

　　A. 行政管理　　　　　　　　　　B. 行政权力

　　C. 行政职能　　　　　　　　　　D. 行政执行

答案及解析：A。行政管理是行政管理学中最基本、最核心的概念。

> **名师解读**　"行政管理"作为《行政管理学》的第一个概念需要同学们牢记，本知识点常考题型为选择题，一般应试方法：找题眼，题中的"行政管理学"，对应选项中的"行政管理"。

知识点 2

▶ **行政管理的特点** ☆☆

　　（1）行政管理的主体是国家行政机关。

　　（2）行政管理的对象包括社会公共事务和政府内部事务。

　　（3）行政管理必须依法进行，是一种执法活动或执行政策的活动。

▶ **知识解读**

　　本知识点的考查题型一般为选择题。考频略高，难度较低。

　　同学们要着重记忆行政管理的主体：行政管理是一种以国家行政机关为主体的管理，国家行政机关扮演着管理者的角色。

▶▶ **真题小练**

单选题

（2009年7月全国）在我国，行政管理的主体是（　　　）

    A.人民代表大会　　　　　　　　B.人民政府

    C.人民政协　　　　　　　　　　D.党委

答案及解析：B。行政管理是一种以国家行政机关为主体的管理。在我国，国家行政机关被称为人民政府。

▶▶ **小试牛刀**

单选题

下列属于行政管理主体的是（　　　）

    A.立法机关　　　　　　　　　　B.司法机关

    C.行政机关　　　　　　　　　　D.党委机关

答案及解析：C。行政管理是一种以国家行政机关为主体的管理，国家行政机关扮演着管理者的角色。

> **名师解读** 行政机关是指国家政权机关中依宪法和法律法规从事国家公共事务管理和执行法律的机关。在我国，国家行政机关被称为人民政府，中央人民政府即国务院。

知识点 3

▶▶ **行政管理学的研究对象☆**

    （1）国家行政机关对社会公共事务的管理。

    （2）国家行政机关对其内部事务的管理。

▶▶ **知识解读**

    本知识点的考查题型一般为选择题。考频低，难度低。

▶▶ **真题小练**

多选题

（2011年4月全国）行政管理学的研究对象包括（　　　）

    A.国家行政机关对社会公共事务的管理

    B.国家行政机关对其内部事务的管理

    C.社会生活的微观管理

D. 私人领域的管理

E. 企业内部管理

答案及解析：AB。行政管理学的研究对象包括两个方面：其一是国家行政机关对社会公共事务的管理，其二是国家行政机关对其内部事务的管理。

▶ **小试牛刀**

单选题

行政管理学的研究对象包括国家行政机关对社会公共事务的管理和（　　　）

A. 国家机关对其内部事务的管理　　　　B. 国家行政机关对其内部事务的管理

C. 国家机关对私人事务的管理　　　　　D. 国家行政机关对私人事务的管理

答案及解析：B。行政管理学的研究对象包括两个方面：其一是国家行政机关对社会公共事务的管理，其二是国家行政机关对其内部事务的管理。

> **名师解读** 行政管理学的研究对象——对外是国家行政机关对社会公共事务的管理，对内是国家行政机关对其内部事务的管理。重点掌握关键词：对外——社会公共事务；对内——内部事务。

第二节　行政管理学的产生与发展

知识点 ①

▶ **行政管理学的产生** ☆☆

行政管理学作为一个相对独立的学科，产生于 19 世纪末 20 世纪初。

▶ **知识解读**

本知识点的考查题型一般为选择题。考频较高，重点记忆内容如图 1-1 所示。

（1）1865 年，德国学者史坦因就使用了"行政学"一词。

（2）1887 年，美国学者伍德罗·威尔逊发表了《行政研究》一文，对于行政管理学的产生具有里程碑意义，这篇著名文章在世界范围内开创了行政管理学学术研究的先例，威尔逊也因此成为行政管理学的创始人。

（3）在近代，从英国的洛克开始，学者们就着手对国家权力进行划分，提出政府要实行分权制。在洛克所著的《政府论》中，他首次将政府（国家）权力分为立法权、行政权和外交权，认为三种权力应该分别由不同的机关或人行使，相互制约，防止权力被滥用。

（4）孟德斯鸠最终确立了立法、行政与司法三权分立，相互制衡的理论原则，预示着行政已经在理论上获得了相对独立的地位，从而表明在理论上较为独立地研究行政学成为可能。

（5）1911年，美国的F.W.泰罗出版了《科学管理原理》一书，提出了著名的科学管理理论。

（6）1916年，法国的法约尔出版了《工业管理与一般管理》一书，提出了管理过程理论。

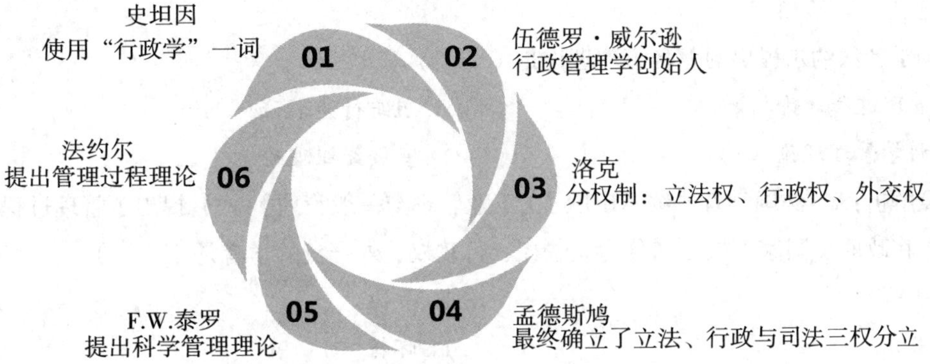

史坦因
使用"行政学"一词 **01**

02 伍德罗·威尔逊
行政管理学创始人

法约尔
提出管理过程理论 **06**

03 洛克
分权制：立法权、行政权、外交权

F.W.泰罗
提出科学管理理论 **05**

04 孟德斯鸠
最终确立了立法、行政与司法三权分立

图1-1 行政管理学的产生

▶ **真题小练**

单选题

1.（2015年10月全国）最终确立立法、行政与司法三权分立，相互制衡理论原则的是（　　）

　A.孟德斯鸠　　　　　　　　　B.洛克

　C.古立克　　　　　　　　　　D.亚里士多德

答案及解析：A。孟德斯鸠最终确立了立法、行政与司法三权分立，相互制衡的理论原则，预示着行政已经在理论上获得了相对独立的地位，表明在理论上较为独立地研究行政学成为可能。

2.（2015年4月全国）行政管理学的创始人是（　　）

　A.史坦因　　　　　　　　　　B.亚里士多德

　C.柏拉图　　　　　　　　　　D.威尔逊

答案及解析：D。威尔逊在1887年发表了《行政研究》一文，这篇文章在世界范围内开创了行政管理学学术研究的先例，威尔逊也因此成为行政管理学的创始人。

3.（2009年4月全国）最早使用"行政学"一词的学者是（　　）

　A.史坦因　　　　　　　　　　B.亚里士多德

　C.柏拉图　　　　　　　　　　D.威尔逊

答案及解析：A。早在1865年，德国学者史坦因就曾使用过"行政学"一词。

4.（2008年7月全国）科学管理理论的提出者是（　　）

　A.韦伯　　　　　　　　　　　B.泰罗

C. 法约尔   D. 威尔逊

答案及解析：B。1911 年，美国的 F.W. 泰罗出版了《科学管理原理》一书，提出了著名的科学管理理论。

▶ **小试牛刀**

单选题

1. 法国学者法约尔提出的著名管理理论是（　　　）

    A. 管理过程理论   B. 组织行为理论

    C. 科学管理理论   D. 官僚组织理论

答案及解析：A。法国学者法约尔出版了《工业管理与一般管理》一书，提出了管理过程理论。

2. 首次将政府（国家）权力划分为立法权、行政权、外交权的学者是（　　　）

    A. 法约尔   B. 韦伯

    C. 洛克   D. 怀特

答案及解析：C。在近代，从英国的洛克开始，学者们就着手对国家权力进行划分，提出政府要实行分权制。在洛克所著的《政府论》中，他首次将政府（国家）权力分为立法权、行政权和外交权，认为三种权力应该分别由不同的机关或人行使，相互制约，防止权力被滥用。

3. 提出著名的"三权分立"或称"分权制衡"原则的是（　　　）

    A. 孟德斯鸠   B. 洛克

    C. 古立克   D. 亚里士多德

答案及解析：A。法国的孟德斯鸠提出了立法权、行政权和司法权分立的思想，即政治学上著名的"三权分立"，或称"分权制衡"原则。

> **名师解读** 本节主要是记忆人物及其对应理论、观点，历年考试中常考选择题，需要同学们努力记忆。

知识点 **2**

▶ **19 世纪末 20 世纪初至 20 世纪 30 年代的行政管理学及其发展** ☆☆

当代西方行政管理学的发展大致经过了三个阶段，第一阶段是 19 世纪末 20 世纪初至 20 世纪 30 年代以古典学派的理论为代表的行政管理学（见图 1-2）。

▶ **知识解读**

本知识点的考查题型一般为选择题。考频较高，需要记忆。

1. **威尔逊：西方行政管理学的创始人**

美国学者伍德罗·威尔逊于 1887 年发表了《行政研究》一文，这篇著名文章在世界范围内开创了行政管理学学术研究的先例，威尔逊也因此成为行政管理学的创始人。

2. **怀特：《行政学导论》**

怀特在《行政学导论》一书中，把复杂的行政要素归纳为组织原理、人事行政、财务行政、行政法规四大部分，并对这四部分进行了系统的论述，在行政管理学的发展史上第一次建立了较为系统的行政管理学理论体系。

3. **泰罗（泰勒）：科学管理理论**

1911 年，美国的 F.W. 泰罗出版了《科学管理原理》一书，提出了著名的科学管理理论。

4. **法约尔：管理过程理论**

法国学者法约尔提出的著名管理理论是管理过程理论。

5. **韦伯：官僚制组织理论**

1920 年，德国的马克斯·韦伯在《社会组织和经济组织理论》一书中提出了著名的"官僚制组织理论"，为传统的行政组织理论奠定了基础。

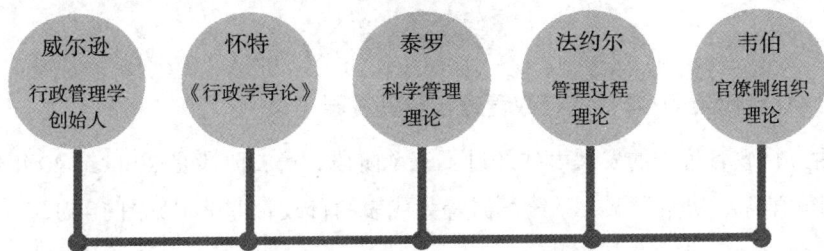

图 1-2　以古典学派的理论为代表的行政管理学

▶ **真题小练**

单选题

1.（2017 年 4 月全国）为传统行政组织理论奠定基础的理论是（　　）

    A. 行为科学理论　　　　　　　　　　B. 一般系统理论

    C. 韦伯的官僚制理论　　　　　　　　D. "满意"决策理论

答案及解析：C。韦伯的官僚制理论为传统的行政组织理论奠定了基础。

2.（2016 年 4 月全国）1916 年，法约尔在《工业管理与一般管理》一书中提出的著名管理理论是（　　）

    A. 管理过程理论　　　　　　　　　　B. 组织行为理论

    C. 科学管理理论　　　　　　　　　　D. 官僚组织理论

答案及解析：A。1916 年，法约尔在《工业管理与一般管理》一书中提出的著名管理理论是管理过程理论。

▶ **小试牛刀**

单选题

把复杂的行政要素归纳为组织原理、人事行政、财务行政、行政法规四大部分，并对其进行系统论述的行政学著作是（　　　）

    A.《行政学研究》　　　　　　　　　　B.《行政学导论》

    C.《政治与行政》　　　　　　　　　　D.《科学管理》

答案及解析：B。怀特在《行政学导论》一书中把复杂的行政要素归纳为组织原理、人事行政、财务行政、行政法规四大部分，并对这四大部分进行了系统的论述。

> **名师解读**（1）威尔逊——西方行政管理学的创始人。（2）怀特——《行政学导论》。（3）泰罗/泰勒——科学管理理论。（4）法约尔——管理过程理论。（5）韦伯——官僚制组织理论。同学们需要记住这些对应关系来应对常考的选择题。

知识点 **3**

▶ **20世纪40年代至70年代的行政管理学及其发展** ☆☆

当代西方行政管理学的发展大致经过了三个阶段，第二阶段是20世纪40年代至70年代以行为科学学派、决策学派、系统学派等为代表的行政管理学（见图1-3）。

▶ **知识解读**

本知识点的考查题型一般为选择题。考频较高，重点记忆内容如图1-3所示。

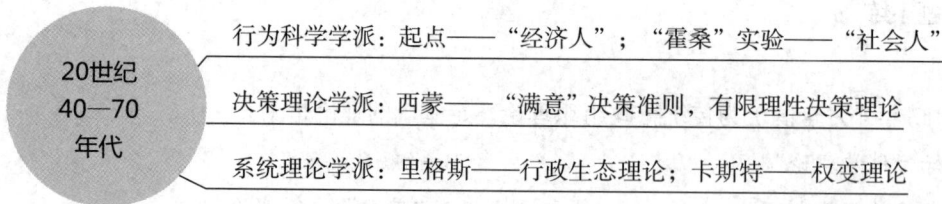

20世纪40—70年代	行为科学学派：起点——"经济人"；"霍桑"实验——"社会人"
	决策理论学派：西蒙——"满意"决策准则，有限理性决策理论
	系统理论学派：里格斯——行政生态理论；卡斯特——权变理论

图1-3　20世纪40—70年代的行政管理学

1. 行为科学学派的行政管理学

（1）早期的行政管理学研究的重点是组织结构和程序，其理论的逻辑起点是"经济人"假设。

（2）美国哈佛大学教授梅奥带领部分研究人员进行了著名的"霍桑"实验。根据实验结果，他们提出了"社会人"的理论假设。

2．决策理论学派的行政管理学

西蒙认为，管理就是决策，决策是整个行政管理过程的关键环节，并且提出了所谓的"满意"决策准则，因此其理论被称为有限理性决策理论。

3．系统理论学派的行政管理学

里格斯的行政生态理论和卡斯特等人的权变理论。

▶▶ **真题小练**

多选题

1．（2017年10月全国）20世纪40年代至70年代，具有代表性的行政管理学理论学派主要是（　　）

 A．行为科学学派　　　　　　　　B．决策理论学派

 C．系统理论学派　　　　　　　　D．新公共管理理论学派

 E．古典管理理论学派

答案及解析：ABC。20世纪40年代至70年代，具有代表性的行政管理学理论学派是行为科学学派、决策理论学派和系统理论学派。

2．（2016年4月全国）在西方行政管理学发展过程中，系统学派的代表性理论有（　　）

 A．新公共行政学理论　　　　　　B．权变理论

 C．行政生态理论　　　　　　　　D．官僚组织理论

 E．政府治理理论

答案及解析：BC。在西方行政管理学发展过程中，系统学派的代表性理论有权变理论、行政生态理论。

▶▶ **小试牛刀**

单选题

早期行政管理学理论的逻辑起点是（　　）

 A．"自我实现人"假设　　　　　　B．"社会人"假设

 C．"经济人"假设　　　　　　　　D．"道德人"假设

答案及解析：C。早期的行政管理学研究的重点是组织结构和程序，其理论的逻辑起点是"经济人"假设。

> **名师解读**　"经济人"假设——梅奥"霍桑"实验、"社会人"——西蒙"满意"决策准则——里格斯的行政生态理论和卡斯特等人的权变理论。

知识点 **4**

▶▶ **20 世纪 80 年代以来的行政管理学及其发展** ☆☆

当代西方行政管理学的发展大致经过了三个阶段，第三个阶段是 20 世纪 80 年代以来以新公共管理理论、政府治理理论、后现代公共行政理论为代表的行政管理学。

▶▶ **知识解读**

本知识点的考查题型一般为单选题。考频较高，需要记忆。

20 世纪 80 年代以来，特别是 90 年代以来，西方国家占主导地位的行政管理学主要有：新公共管理理论、政府治理理论、后现代公共行政理论等。其共同特征是崇尚市场力量、市场作用和市场机制。

（1）新公共管理理论认为要将企业管理方法引入政府管理，加强市场竞争，形成顾客导向、政府回应的模式。

（2）政府治理理论指出在管理的过程中政府应该放权，只掌舵不划桨，放松规制，遵循市场规律。

（3）新公共行政理论是相对传统公共行政学而言的，是一种在价值观上不同于新公共管理而主张政府应该更加注重维护公平、公正的理论。

（4）新公共服务理论。

▶▶ **真题小练**

单选题

（2017 年 4 月全国）20 世纪 80 年代以来行政管理理论的共同特征是（　　　）

A. 崇尚市场的力量、作用和机制　　　B. 以政治学理论为基础

C. 把人的心理行为作为研究对象　　　D. 重点研究组织管理问题

答案及解析：A。20 世纪 80 年代以来，行政管理理论的共同特征是崇尚市场力量、市场作用和市场机制。

▶▶ **小试牛刀**

多选题

20 世纪 90 年代以来，西方国家占主导地位的行政管理学理论有（　　　）

A. 新公共管理理论　　　B. 政府治理理论

C. 新公共服务理论　　　D. 古典行政理论

E. 科学管理理论

答案及解析：ABC。20 世纪 80 年代以来，特别是 90 年代以来，西方国家占主导地位的行政管理学主要有新公共管理理论、政府治理理论、后现代公共行政理论等。

> **名师解读**　本知识点常考内容整合起来就是：20 世纪 80 年代以来行政管理理论的共同特征是崇尚市场的力量、作用和机制；20 世纪 80 年代以来，特别是 90 年代以来，西方国家占主导地位的行政管理学主要有：新公共管理理论、政府治理理论、新公共行政理论、新公共服务理论。

第三节　研究和学习行政管理学的方法

知识点 1

▶ 研究和学习行政管理学的根本方法 ☆☆

理论联系实际是马克思主义理论的根本方法，也是研究和学习行政管理学的根本方法。

▶ 知识解读

本知识点的考查题型一般为选择题。考频高，分值低。

▶ 小试牛刀

单选题

研究和学习行政管理学的根本方法是（　　　）

A. 规范方法　　　　　　　　　　　　B. 经验方法

C. 案例方法　　　　　　　　　　　　D. 理论联系实际的方法

答案及解析：D。研究和学习行政管理学的根本方法是理论联系实际的方法。

知识点 2

▶ 研究和学习行政管理学的具体方法 ☆☆

（1）规范方法主要着眼于建立行政管理学的一般理论和基本原则，注重事物的共性，即规律性的研究。

（2）经验方法的特点是强调在研究过程中只注重对事实的描述，而回避事实背后的规律。

（3）案例方法主要注重个别事例的特殊性的研究。

（4）比较方法通过比较，找出社会现象之间的共同点（共同规律）和不同点（特殊性）。

重点记忆内容如图 1-4 所示。

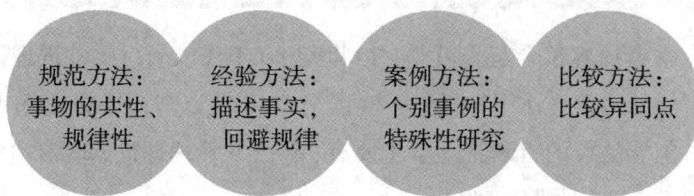

图 1-4　研究和学习行政管理学的具体方法

▶ **知识解读**

本知识点的考查题型一般为选择题。考频高，分值低。

▶ **真题小练**

单选题

1.（2017 年 10 月全国）研究和学习行政管理学的具体方法中，主要注重个别事例特殊性研究的是（　　）

A. 比较方法　　　　B. 经验方法　　　　C. 规范方法　　　　D. 案例方法

答案及解析：D。案例方法主要注重个别事例的特殊性的研究。

2.（2007 年 7 月全国）在行政管理学研究中，强调在研究过程中只注重对事实的描述，而回避事实背后的规律的研究方法是（　　）

A. 规范方法　　　　B. 案例方法　　　　C. 经验方法　　　　D. 比较方法

答案及解析：C。经验方法也称为实证方法。其特点是强调在研究过程中只注重对事实的描述，而回避事实背后的规律。

▶ **小试牛刀**

多选题

研究和学习行政管理学的具体方法有（　　）

A. 规范方法　　　　　　　　　　　B. 理论联系实际的方法

C. 经验方法　　　　　　　　　　　D. 案例方法

E. 比较方法

答案及解析：ACDE。研究和学习行政管理学的具体方法有规范方法、经验方法、案例方法和比较方法。

> **名师解读** 着重记忆研究和学习行政管理学的四种具体方法及其对应研究对象：规范方法——共性、规律性；经验方法——回避事实背后的规律；案例方法——个别事例的特殊性；比较方法——比较异同。

第二章 行政环境

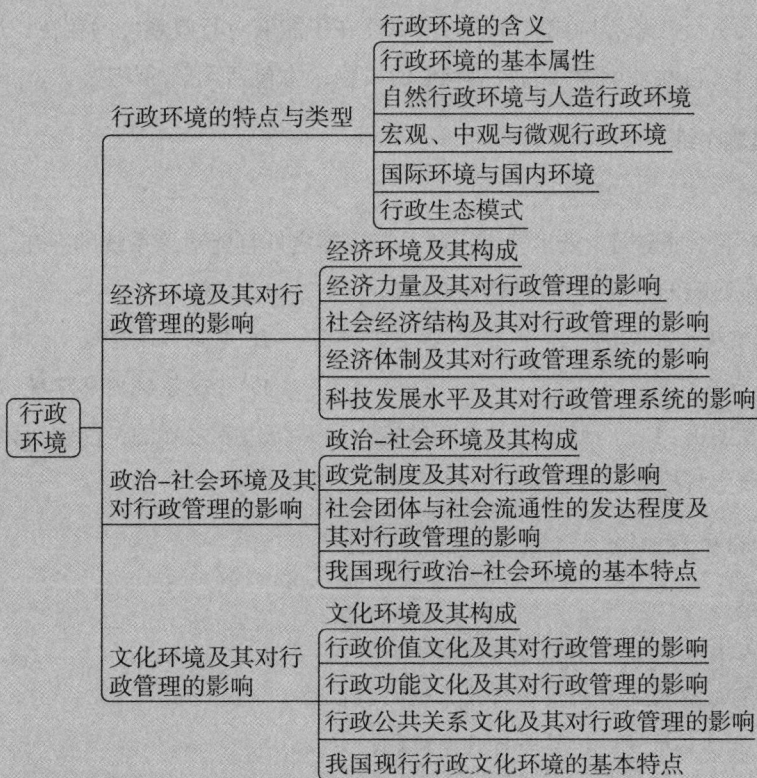

行政环境

- 行政环境的特点与类型
  - 行政环境的含义
  - 行政环境的基本属性
  - 自然行政环境与人造行政环境
  - 宏观、中观与微观行政环境
  - 国际环境与国内环境
  - 行政生态模式
- 经济环境及其对行政管理的影响
  - 经济环境及其构成
  - 经济力量及其对行政管理的影响
  - 社会经济结构及其对行政管理的影响
  - 经济体制及其对行政管理系统的影响
  - 科技发展水平及其对行政管理系统的影响
- 政治-社会环境及其对行政管理的影响
  - 政治-社会环境及其构成
  - 政党制度及其对行政管理的影响
  - 社会团体与社会流通性的发达程度及其对行政管理的影响
  - 我国现行政治-社会环境的基本特点
- 文化环境及其对行政管理的影响
  - 文化环境及其构成
  - 行政价值文化及其对行政管理的影响
  - 行政功能文化及其对行政管理的影响
  - 行政公共关系文化及其对行政管理的影响
  - 我国现行行政文化环境的基本特点

第一节 行政环境的特点与类型

知识点 **1**

行政环境的含义 ☆☆

行政环境是处于特定行政系统边界之外的，能够对该系统的存在、运行与发展产生直接或间接影响的各种事物与情势的总和。

知识解读

本知识点的考查题型一般为选择题。

行政环境的具体内涵如下所述。

（1）行政环境是针对具体行政系统而存在的。

（2）行政环境通过边界与行政系统相区分。

（3）行政环境构成成分的关键属性在于能够对行政系统的存在、运行与发展产生影响。

（4）行政环境因素既包括有形的事物，也包括无形的情势。

真题小练

单选题

（2017年4月全国）处于特定行政系统边界之外且能对该系统的存在、运行与发展产生直接或间接影响的各种事物与情势的总和是（　　　）

A.宏观行政环境　　　　　　　　　　B.中观行政环境

C.行政环境　　　　　　　　　　　　D.行政系统内部环境

答案及解析：C。行政环境是处于特定行政系统边界之外的，能够对该系统的存在、运行与发展产生直接或间接影响的各种事物与情势的总和。

小试牛刀

多选题

下列关于行政环境的表述，正确的有（　　　）

A.行政环境是针对具体行政系统而存在的

B.行政环境通过边界与行政系统相区分

C.行政环境只包括有形的事物

D.行政环境对行政系统的影响是一成不变的

E.行政环境构成成分的关键属性在于能够对行政系统的存在、运行与发展产生影响

答案及解析：ABE。行政环境是针对具体行政系统而存在的。行政环境通过边界与行政系统相区分。行政环境构成成分的关键属性在于能够对行政系统的存在、运行与发展产生影响。

行政环境因素既包括有形的事物，也包括无形的情势。

> **名师解读** 关键词记忆：行政环境——各种事物与情势的总和；具体行政系统——存在；边界——相区分；关键属性——能够对行政系统的存在、运行与发展产生影响；既包括有形的事物，也包括无形的情势。

知识点 2

▶ 行政环境的基本属性☆

行政环境的基本属性有复杂性、相关性与综合性、层次性和动态性。

▶ 知识解读

本知识点的考查题型一般为选择题。

▶ 小试牛刀

多选题

行政环境的基本属性包括（   ）

　A. 复杂性　　　　　　　　　　B. 相关性与综合性

　C. 层次性　　　　　　　　　　D. 动态性

　E. 静态性

答案及解析：ABCD。行政环境具有的基本属性为复杂性、相关性与综合性、层次性和动态性。

> **名师解读** 此知识点多在选择题中考查，所以同学们记住行政环境的四个基本属性就可以了，"复""相""层""动"。

知识点 3

▶ 自然行政环境与人造行政环境☆☆☆

以环境因素的形成过程及其与人类活动的关系为标准，行政环境可以划分为两种基本类型，即自然行政环境与人造行政环境。

（1）自然行政环境是指对行政系统的存在与运行产生影响的各种自然因素的集合或统称。

（2）人造行政环境就是在人类社会活动中形成与发展起来，且能够对行政系统的存在与运行产生影响的各种环境因素的总和。人造环境或者说社会环境是与行政系统的产生与发展关系最为密切、影响最为直接的行政环境类别。

▶ **知识解读**

本知识点的考查题型一般为选择题。

▶ **真题小练**

单选题

（2016年4月全国）与行政系统的产生与发展过程关系最为密切、影响最为直接的行政环境是（   ）

    A. 人造环境　　　　　　　　　　　B. 自然环境

    C. 国际环境　　　　　　　　　　　D. 经济环境

答案及解析：A。与行政系统的产生与发展过程关系最为密切、影响最为直接的行政环境是人造环境。

▶ **小试牛刀**

单选题

以环境因素的形成过程及其与人类活动的关系为标准，行政环境可以分为（   ）

    A. 宏观行政环境与微观行政环境　　B. 自然行政环境与人造行政环境

    C. 传统行政环境与现代行政环境　　D. 经济环境与文化环境

答案及解析：B。以环境因素的形成过程及其与人类活动的关系为标准，行政环境可以分为自然行政环境与人造行政环境。

> **名师解读** 有人类活动参与后形成的行政环境为人造行政环境，无人类活动参与自然形成的行政环境为自然行政环境。

知识点 ④

▶ **宏观、中观与微观行政环境☆**

美国著名社会学者帕森斯认为，一个社会组织可以被看成是由策略、管理与操作三个层次的子系统构成的一个有机系统。根据对特定行政系统的作用与影响层次，我们可以把行政环境划分为宏观、中观与微观三种类型（见图2-1）。

（1）宏观行政环境，是能够对行政系统策略层次的存在与运行产生直接或间接影响的行政环境因素的集合。

（2）中观行政环境，是针对特定行政系统的各种局域性构成成分而言的，包括组织与空间上的局域性结构、运行过程中的政策执行监管部门及活动和时间上的阶段性。此外，它还应该包含影响方面的局部性与非全面性。

（3）微观行政环境，特定组织内部的工作人员在具体行政管理活动中必定受各种物理、生理与心理因素影响。比如，特定行政组织的办公环境、人际关系等这些因素构成具体行政行为或特定行政人员的直接环境。

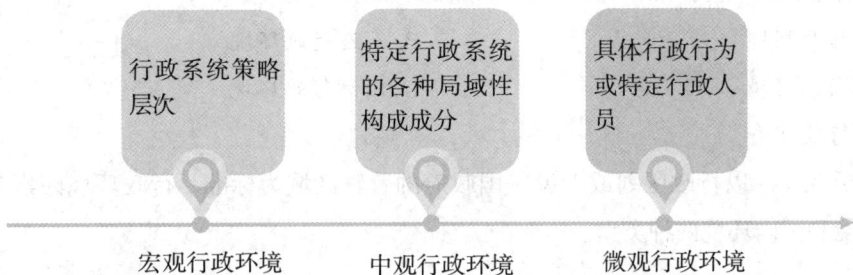

图 2-1 宏观、中观与微观行政环境的作用对象

▶ **知识解读**

本知识点的考查题型一般为选择题。

▶ **小试牛刀**

单选题

能够对行政系统策略层次的存在与运行产生直接或间接影响的行政环境因素的集合是（　　　）

A. 微观行政环境　　　　　　　B. 中观行政环境

C. 宏观行政环境　　　　　　　D. 局部行政环境

答案及解析：C。宏观行政环境是能够对行政系统策略层次的存在与运行产生直接或间接影响的行政环境因素的集合。

> **名师解读** 宏观行政环境的定义，即对行政系统策略层次的存在与运行产生直接或间接影响的行政环境因素的集合。

知识点 5

▶ **国际环境与国内环境** ☆

以行政区划或者说一国政府的管辖区域为标准，行政环境因素常常被分为国际环境与国内环境两种类型。

▶ **知识解读**

本知识点的考查题型一般为选择题。

▶ **小试牛刀**

多选题

以一国政府管辖区域为标准，行政环境常常被划分为（   ）

  A. 自然行政环境   B. 人造行政环境

  C. 宏观行政环境   D. 国际行政环境

  E. 国内行政环境

答案及解析：DE。以行政区划或者说一国政府的管辖区域为标准，行政环境因素常常被分为国际环境和国内环境两种类型。

简答题

简述行政环境的类型。

答案：

（1）以环境因素的形成过程及其与人类活动的关系为标准，行政环境可以划分为自然行政环境和人造行政环境。

（2）根据对特定行政系统的作用与影响层次来划分，行政环境分为宏观、中观和微观三种类型。

（3）以行政区划或者说一国政府的管辖区域为标准，行政环境因素被分成国际环境与国内环境。

> **名师解读** 以一国政府管辖区域划分行政环境因素，行政环境因素可被分为国际行政环境和国内行政环境。

知识点 6

▶ **行政生态模式** ☆☆☆

（1）首先提出行政环境问题并予以研究的是美国哈佛大学学者约翰·M.高斯，1936年，他发表了《美国社会与公共行政》一文，提出了行政管理与行政环境之间的关系问题。

（2）真正使行政生态研究成为一门系统的行政学分支学科并使其在学术界占有一席之地的学者是弗里德·雷格斯。

（3）雷格斯提出了著名的"融合—棱柱—衍射"行政理论模型，首先是农业社会的行政模式，被称为融合型行政模式；其次是工业社会的行政模式，被称为衍射型行政模式；再次是过渡型社会的行政模式，即棱柱型行政模式。

（4）雷格斯认为，过渡型社会在社会结构上表现出来的三种主要特性为：形式主义特性、异质性、重叠性。

（5）雷格斯认为，由于受特定社会环境的影响，在过渡型社会里，行政行为有几种常见特性。首先，该社会的行政行为已出现专业化分工趋势，但又未能有效实现完全的或者说真正的专业化分工，往往难以与其他社会行为区分开来。其次，专业化的行政机构已设立，但不能正常运作，功能有限，许多职能的发挥还需要由其他社会机构，甚至由宗族、同乡会等传统机构来完成。最后一个特点是正式建立起来的行政制度由于各种传统势力的影响而不能起到应有的规范及约束作用，往往成为摆设，形同虚设。

主要记忆内容如图 2-2 所示。

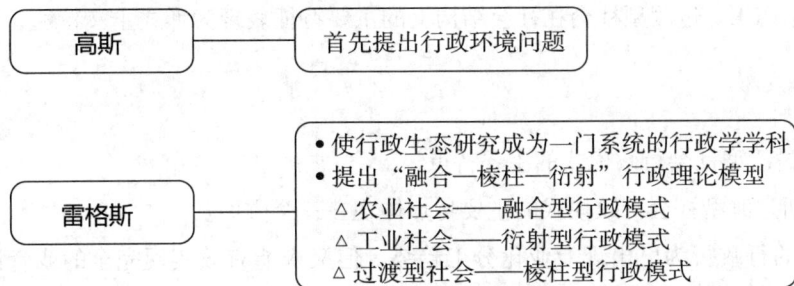

图 2-2　高斯和雷格斯的理论

知识解读

本知识点的考查题型一般为选择题，偶尔会出现文字题。

真题小练

单选题

1.（2017 年 10 月全国）提出著名的"融合—棱柱—衍射的行政模型"的学者是（　　　）

A. 高斯　　　　　　　　　　　B. 雷格斯

C. 韦伯　　　　　　　　　　　D. 斯坦因

答案及解析：B。雷格斯逐渐提出了一套较为系统的行政理论模型，也就是著名的"融合—棱柱—衍射"的行政模型。

2.（2010 年 7 月全国）首先提出行政环境问题并予以研究的学者是（　　　）

A. 高斯　　　　B. 泰罗　　　　C. 帕森斯　　　　D. 韦伯

答案及解析：A。首先提出行政环境问题并予以研究的是美国哈佛大学学者约翰·M. 高斯。1936 年，他发表了《美国社会与公共行政》一文，提出了行政管理与行政环境之间的关系问题。

3.（2015 年 10 月全国）农业社会行政模式又被称为（　　　）

A. 融合型行政模式　　　　　　B. 棱柱型行政模式

C. 衍射型行政模式　　　　　　D. 综合型行政模式

答案及解析：A。根据雷格斯的"融合—棱柱—衍射"行政模型，农业社会的行政模式，被称为融合型行政模式。

▶ **小试牛刀**

多选题

雷格斯认为,过渡型社会在社会结构上的主要特征表现为(　　)

A. 杂糅性　　　　　　　　　　B. 复杂性

C. 形式主义特性　　　　　　　D. 异质性

E. 重叠性

答案及解析:CDE。过渡型社会在社会结构上的主要特征表现为形式主义特性、异质性、重叠性。

简答题

简述雷格斯过渡型社会行政模式的主要特点。

答案:雷格斯过渡型社会行政模式的主要特点体现在三个方面。

(1)该社会的行政行为已出现专业化分工趋势,但又未能有效实现完全的或者说真正的专业化分工,往往难以与其他社会行为区分开来。

(2)专业化的行政机构已设立,但不能正常运作,功能有限,许多职能的发挥还需要由其他社会机构,甚至由宗族、同乡会等传统机构来完成。

(3)正式建立起来的行政制度由于各种传统势力的影响而不能起到应有的规范及约束作用,往往成为摆设,形同虚设。

> **名师解读** 高斯首先提出行政环境问题;雷格斯提出了"融合—棱柱—衍射"行政理论模型,该模型的相关知识内容比较常考,需要同学们着重记忆。

第二节　经济环境及其对行政管理的影响

知识点 1

▶ **经济环境及其构成**☆

一般认为,行政系统的经济环境基本构成要素应该包括经济力量、社会经济结构、经济体制以及科技发展水平等基本经济因素。

▶ **知识解读**

本知识点的考查题型一般为选择题。

▶ 小试牛刀

多选题

行政系统经济环境的基本构成要素包括（　　　　）

　　A. 经济力量　　　　　　　　　　B. 社会经济结构

　　C. 经济体制　　　　　　　　　　D. 科技发展水平

　　E. 社会团体发达程度

答案及解析：ABCD。行政系统的经济环境基本构成要素包括经济力量、社会经济结构、经济体制以及科技发展水平等基本经济因素。

> **名师解读**　本知识点可以记忆关键词"行政系统的经济环境构成要素"——"力量""结构""体制""科技"。

知识点 2

▶ 经济力量及其对行政管理的影响 ☆☆

　　经济力量是指行政系统所处社会系统的总体经济实力，包括总体社会生产能力与社会财富总量。经济力量是特定行政系统最基本的经济因素，它直接决定该系统所处社会的经济发展阶段，决定行政系统赖以生存的社会物质财富基础。经济力量因素从根本上制约着行政系统的规模、体制结构与运行方式等。

▶ 知识解读

　　本知识点的考查题型一般为选择题。

▶ 小试牛刀

单选题

从根本上制约着行政系统的规模、体制结构与运行方式等的是（　　　　）

　　A. 政治力量　　　　　　　　　　B. 经济力量

　　C. 文化力量　　　　　　　　　　D. 社会结构

答案及解析：B。经济力量从根本上制约着行政系统的规模、体制结构与运行方式等。

> **名师解读**　答题小技巧——经济基础决定上层建筑，一般选择题中问到什么是决定性影响因素，一般都是经济因素。本知识点中"经济力量因素从根本上制约着行政系统的规模、体制结构与运行方式等"是重点。

知识点 **3**

▶ **社会经济结构及其对行政管理的影响☆**

（1）社会经济结构是一国或一个地区国民经济中的一系列经济结构性因素的集合。

（2）雷格斯以社会分工与专业化发展程度为主要标准对各国社会环境进行分类，从而形成了其著名的"农业型—过渡型—工业型"社会形态模型。

▶ **知识解读**

本知识点的考查题型一般为选择题。

▶ **真题小练**

单选题

（2014 年 10 月全国）雷格斯对各国社会环境进行分类的标准是（　　）

　A. 经济体制　　　　　　　　　　B. 科技发展水平

　C. 经济力量　　　　　　　　　　D. 社会分工与专业化发展程度

答案及解析：D。社会经济结构包括社会分工与专业化发展程度等重要的社会经济结构性因素。事实上，雷格斯正是以社会分工与专业化发展程度为主要标准对各国社会环境进行分类。

▶ **小试牛刀**

单选题

一国或一个地区国民经济中的一系列经济结构性因素的集合是（　　）

　A. 经济体制　　　　　　　　　　B. 社会经济结构

　C. 经济制度　　　　　　　　　　D. 经济形态

答案及解析：B。社会经济结构是一国或一个地区国民经济中的一系列经济结构性因素的集合。

> **名师解读** 关键词"社会经济结构""集合""社会分工与专业化发展程度"，知识点串联起来便可作答相应选择题。

知识点 **4**

▶ **经济体制及其对行政管理系统的影响☆☆**

经济体制是一个国家或地区以社会经济组织为中心的各种具体经济制度与行为规范的总和，其核心就是社会资源调配制度。经济体制直接影响着行政系统的职能范围、运行方式及手段（见图 2-3）。

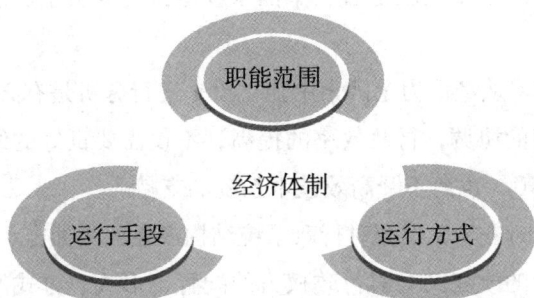

图 2-3　经济体制的影响

▶ **知识解读**

　　本知识点的考查题型一般为选择题。

▶ **真题小练**

单选题

（2011 年 7 月全国）经济体制的核心是（　　　）

　　A. 所有制关系　　　　　　　　　　B. 分配机制

　　C. 社会资源调配制度　　　　　　　D. 发展机制

答案及解析：C。经济体制的核心是社会资源调配制度。

▶ **小试牛刀**

多选题

经济体制直接影响着行政系统的（　　　）

　　A. 职能范围　　　　　　　　　　　B. 运行方式

　　C. 组织结构　　　　　　　　　　　D. 运行手段

　　E. 管理效能

答案及解析：ABD。经济体制直接影响着行政系统的职能范围、运行方式及手段。

> **名师解读** 经济体制的核心是社会资源调配制度，直接影响着行政系统的职能范围、运行方式及手段。

知识点 ⑤

▶ **科技发展水平及其对行政管理系统的影响 ☆☆**

　　科技发展水平是一个国家或地区科学与技术的发展发达程度。

由于科技发展水平从根本上决定着一个国家或地区的社会生产能力，因此邓小平称之为"第一生产力"。

把科技发展水平因素从经济力量因素中独立出来进行分析是有必要的。

（1）行政系统运转的协调，行政效率的提高，不仅需要良好的组织功能、结构、运行程序与规则等制度化保障，也离不开高效技术系统的支持。

（2）科学技术的不断进步，也会对行政系统结构产生巨大冲击。

（3）这些结构变量的改变又会对行政权力的配置、形式、方式产生重要影响，产生相应的以分权化为取向的变革。

▶ **知识解读**

本知识点的考查题型一般为选择题。

▶ **小试牛刀**

单选题

被邓小平称为"第一生产力"的是（　　　）

　　A. 教育　　　　　　　　　　　　B. 科技

　　C. 人才　　　　　　　　　　　　D. 制度

答案及解析：B。由于科技发展水平从根本上决定着一个国家或地区的社会生产能力，因此邓小平称之为"第一生产力"。

> **名师解读** 关键词：科技发展水平——"第一生产力"。

第三节　政治－社会环境及其对行政管理的影响

知识点 1

▶ **政治－社会环境及其构成☆**

行政管理的政治－社会环境是指处于行政系统边界之外，能够对行政系统的产生、存在、运行与发展过程产生直接或间接影响的各种政治和社会因素的集合。从总体上说，对行政系统影响显著或者说较重要的政治－社会环境因素主要包括国家政权组织形式及其实际运行状况、政党制度、社会团体发达程度以及社会流通性等（如图2-4所示）。

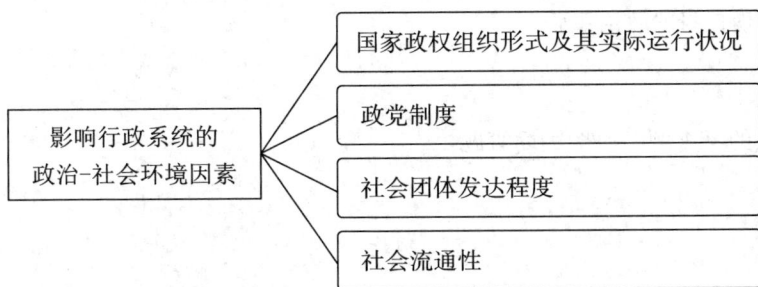

图 2-4　影响行政系统的政治－社会环境因素

▶ **知识解读**

本知识点的考查题型一般为选择题。

▶ **小试牛刀**

多选题

对行政系统影响显著或者说较重要的政治－社会环境因素主要包括（　　　）

　　A. 科技发展水平　　　　　　　　B. 政党制度

　　C. 行政总体价值观　　　　　　　D. 社会团体发达程度和社会流通性

　　E. 国家政权组织形式及其实际运行状况

答案及解析：BDE。从总体上说，对行政系统影响显著或者说较重要的政治－社会环境因素主要包括国家政权组织形式及其实际运行状况、政党制度、社会团体发达程度以及社会流通性等。

> **名师解读** 影响行政系统的显著或者说较重要的政治－社会环境因素：国家政权组织形式及其实际运行状况、政党制度、社会团体发达程度以及社会流通性等。

知识点 ❷

▶ **政党制度及其对行政管理的影响☆☆**

政党组织主要通过三个途径对行政系统施加影响。

（1）政党组织通过自身的利益表达与利益综合功能，为行政系统提供有关社会民众的政治要求等方面较为专业、系统的信息，为行政系统的决策与管理活动提供依据。

（2）政党组织运用自身所具有的政治社会化功能，在政府与社会之间建立起一座重要的桥梁，及时地把行政系统的有关政策信息反馈给政策制定者与政策对象双方。

（3）政党组织通过政党的执政功能，也就是通过成为执政党，从而能够通过政府运用行政权力来实现自身的政治主张。

▶▶ **知识解读**

本知识点的考查题型一般为简答题。

▶▶ **小试牛刀**

简答题

简述政党组织对行政系统施加影响的主要途径。

答案：政党组织主要通过三个途径对行政系统施加影响：其一，是通过自身的利益表达与利益综合功能，为行政系统提供有关社会民众的政治要求等方面较为专业、系统的信息，为行政系统的决策与管理活动提供依据；其二，是运用自身所具有的政治社会化功能，在政府与社会之间建立起一座重要的桥梁，及时地把行政系统的有关政策信息反馈给政策制定者与政策对象双方；其三，就是政党的执政功能，也就是通过成为执政党，从而能够通过政府运用行政权力来实现自身的政治主张。

> **名师解读** 政党组织主要通过三个途径对行政系统施加影响：通过自身的利益表达与利益综合功能、运用自身所具有的政治社会化功能、政党的执政功能。

知识点 **3**

▶▶ **社会团体与社会流通性的发达程度及其对行政管理的影响** ☆

（1）社会团体是两个以上的社会成员基于自愿，为实现某种共同利益要求而结成的一种社会组织。

（2）一般地，在古代社会里，政府或政治权力往往就是由一些自然团体，如家庭或家族所直接把持。到了近现代，自然团体的影响力逐步消退，而现代意义的社会团体则发挥着日益重要的影响力。一般而言，在现代社会里，对行政系统影响作用相对较大的团体是基于利益关系而结成的社会团体。

▶▶ **知识解读**

本知识点的考查题型一般为选择题。

▶▶ **小试牛刀**

单选题

一般而言，在现代社会里，对行政系统影响作用相对较大的团体是（　　）

A. 基于利益关系而结成的社会团体　　　B. 基于血缘关系而结成的自然团体

C.基于信仰关系而结成的宗教团体　　　　D.基于地缘关系而结成的邻里团体

答案及解析：A。在现代社会里，对行政系统影响作用相对较大的团体是基于利益关系而结成的社会团体。

名师解读　为实现某种共同利益而组成的现代意义的社会团体，对行政系统发挥着日益重要的影响力。

知识点 **4**

▶ **我国现行政治－社会环境的基本特点** ☆☆

（1）中国共产党的领导：在中国共产党的领导下，我国形成了中国共产党领导的多党合作、政治协商制度，这是我国现行的政党制度，也是我国的基本政治制度之一。

（2）人民代表大会制度：人民代表大会制度是我国政权组织形式。

（3）迅猛成长的社会团体组织：迅速成长起来的各种社团组织必将对我国行政组织及其运行过程产生日益深刻的影响。

▶ **知识解读**

本知识点的考查题型一般为简答题。

▶ **小试牛刀**

简答题

简述我国当前政治－社会环境的基本特点。

答案：

（1）中国共产党的领导：在中国共产党的领导下，我国形成了中国共产党领导的多党合作、政治协商制度，这是我国现行的政党制度，也是我国的基本政治制度之一。

（2）人民代表大会制度：人民代表大会制度是我国政权组织形式。

（3）迅猛成长的社会团体组织：迅速成长起来的各种社团组织必将对我国行政组织及其运行过程产生日益深刻的影响。

名师解读　我国现行政治－社会环境的基本特点表现在三个方面：多党合作、政治协商制度；人民代表大会制度；社团组织。

第四节　文化环境及其对行政管理的影响

知识点 **1**

▶▶ 文化环境及其构成☆

（1）文化是指人们对社会经济、政治等因素的一种认知模式，是人们的社会心理活动的总和。美国学者阿尔蒙德首先较为系统地提出"政治文化"这一类似概念。

（2）从理论上来说，对行政系统的认知结构基本可以分为行政系统的形成原因、功能结构、运行规则和方式以及行政公共关系等四种基本类型。

（3）行政系统的文化环境因素可以划分为行政价值文化、行政功能文化、行政运行文化以及行政公共关系文化。

▶▶ 知识解读

本知识点的考查题型一般为选择题。

▶▶ 小试牛刀

多选题

依据行政系统的认知结构，行政系统的文化环境因素可划分为（　　　）

A. 行政价值文化　　　　　　　　　B. 行政功能文化

C. 行政运行文化　　　　　　　　　D. 行政公共关系文化

E. 行政法律文化

答案及解析：ABCD。行政系统的文化环境因素可以划分为行政价值文化、行政功能文化、行政运行文化以及行政公共关系文化。

> **名师解读**　关键词"行政价值文化""行政功能文化""行政运行文化""行政公共关系文化"。

知识点 **2**

▶▶ 行政价值文化及其对行政管理的影响☆

行政价值文化或关于行政的总体价值观，是指在特定行政环境下，社会民众在社会化过程中逐渐形成的，公共行政系统所具有的基本社会价值认知与价值取向。行政价值文化是一种基本的公共行政文化模式，其主要功能在于解释公共行政系统在特定环境中的存在价值或者说赖以产生与存在的根本原因。

▶ **知识解读**

本知识点的考查题型一般为选择题。

▶ **小试牛刀**

单选题

主要功能在于解释公共行政系统在特定环境中的存在价值或者说赖以产生与存在的根本原因的是（　　）

A. 行政价值文化　　　　　　　　　　B. 行政功能文化

C. 行政运行文化　　　　　　　　　　D. 行政公共关系文化

答案及解析：A。行政价值文化或关于行政的总体价值观，是指在特定行政环境下，社会民众在社会化过程中逐渐形成的，公共行政系统所具有的基本社会价值认知与价值取向。行政价值文化的主要功能在于解释公共行政系统在特定环境中的存在价值或者说赖以产生与存在的根本原因。选项 A 正确。

> **名师解读** 行政价值文化：基本社会价值认知与价值取向。

知识点 ③

▶ **行政功能文化及其对行政管理的影响☆**

（1）行政功能文化或者说关于行政系统的功能结构观，是在特定行政环境下，社会民众在长期社会化过程中逐渐形成的关于公共行政系统所具备的功能结构的认知与价值取向模式。不同社会关于公共行政系统功能结构的认知与价值取向直接影响与制约着该社会公共行政系统功能结构的具体模式。

（2）在行政功能文化方面，主要有两种有代表性的观点。

①全能普化型行政功能文化。它有两层含义：其一，政府是全能的，政府有能力也有责任总揽所有社会事务；其二，政府机关也是全能的，或者说是功能普化的。

②有限分工型行政功能文化。这种文化观念认为，政府只是社会分工中的一个部门，因而其功能是有限的；同时政府中的各个部门、每个人员也不是全能的，只能行使特定的权力，承担特定的责任。在这种行政文化环境下，政府是有限政府，其权力受到限制；政府各个部门和行政人员不但权力有限，而且分工明确、责任清楚。

▶ **知识解读**

本知识点的考查题型一般为选择题。

▶ **小试牛刀**

多选题

下列表述属于有限分工型行政功能文化的有（ 　　 ）

　　A. 政府只是社会分工中的一个部门，其功能是有限的

　　B. 政府各个部门只能行使特定的权力，承担特定的责任

　　C. 政府各个部门和行政人员分工明确、责任明确

　　D. 政府有能力也有责任总揽所有社会事务

　　E. 政府部门可以兼决策、执行、监督等功能于一身

答案及解析：ABC。有限分工型功能文化观念认为，政府只是社会分工中的一个部门，因而其功能是有限的；同时政府中的各个部门、每个人员也不是全能的，只能行使特定的权力，承担特定的责任。在这种行政文化环境下，政府是有限政府，其权力受到限制；政府各个部门和行政人员不但权力有限，而且分工明确、责任清楚。

> **名师解读** 行政功能文化分为全能普化型和有限分工型，其中有限分工型行政功能文化认为政府功能有限，只能行使特定的权力，承担特定的责任，而且分工明确、责任清楚。

知识点 ④

▶ **行政公共关系文化及其对行政管理的影响☆**

　　行政公共关系文化，也可称为政民关系观，即社会关于民众在公共行政系统中所承担角色的认知与价值取向，也就是人们在社会化过程中形成的，关于公共行政系统与民众间关系的认知、情感与价值取向。

▶ **知识解读**

　　本知识点的考查题型一般为选择题。

▶ **小试牛刀**

单选题

行政公共关系文化又称为（ 　　 ）

　　A. 政民关系观　　　　　　　　　　B. 政企关系观

　　C. 政事关系观　　　　　　　　　　D. 政经关系观

答案及解析：A。行政公共关系文化也可称为政民关系观。

> **名师解读** 行政公共关系文化＝政民关系观，联想诀窍"公共"–"民（众）"。

知识点 **5**

▶ **我国现行行政文化环境的基本特点** ☆

（1）管制型行政总体价值观向服务型行政总体价值观的转变。

（2）全能普化型行政功能文化向有限分工型行政功能文化的转变。

（3）自律本位型行政运行文化向法律本位型行政运行文化的转变。

（4）依附服从型行政公共关系文化向自主参与型行政公共关系文化的转变。

（5）社会主义核心价值观所蕴含的行政文化。

▶ **知识解读**

本知识点的考查题型一般为简答题。

▶ **小试牛刀**

简答题

简述我国现行行政文化环境的基本特点。

答案：

（1）管制型行政总体价值观向服务型行政总体价值观的转变。

（2）全能普化型行政功能文化向有限分工型行政功能文化的转变。

（3）自律本位型行政运行文化向法律本位型行政运行文化的转变。

（4）依附服从型行政公共关系文化向自主参与型行政公共关系文化的转变。

（5）社会主义核心价值观所蕴含的行政文化。

> **名师解读** 我国现行行政文化环境的基本特点："管制型→服务型""全能普化型→有限分工型""自律本位型→法律本位型""依附服从型→自主参与型""社会主义核心价值观"。我国在改革开放前，占主流的行政运行文化模式基本上是自律本位模式。

第三章 行政权力

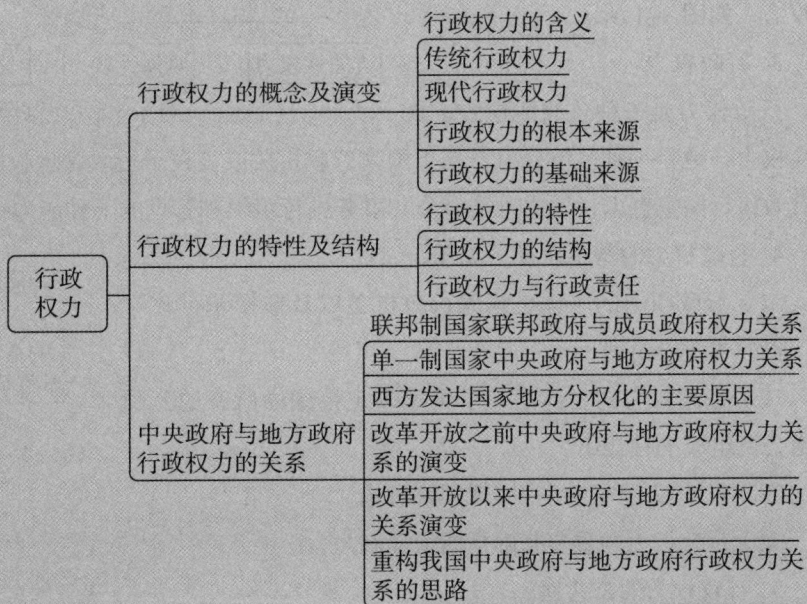

行政权力
- 行政权力的概念及演变
  - 行政权力的含义
  - 传统行政权力
  - 现代行政权力
  - 行政权力的根本来源
  - 行政权力的基础来源
- 行政权力的特性及结构
  - 行政权力的特性
  - 行政权力的结构
  - 行政权力与行政责任
- 中央政府与地方政府行政权力的关系
  - 联邦制国家联邦政府与成员政府权力关系
  - 单一制国家中央政府与地方政府权力关系
  - 西方发达国家地方分权化的主要原因
  - 改革开放之前中央政府与地方政府权力关系的演变
  - 改革开放以来中央政府与地方政府权力的关系演变
  - 重构我国中央政府与地方政府行政权力关系的思路

第一节　行政权力的概念及演变

知识点 **1**

▶ **行政权力的含义**☆☆☆

1. 权力的定义

在现实的社会关系中，权力主体为实现某一目标，能够对权力客体进行影响或控制的一种力量。

2. 根据不同的标准，权力可划分为不同类型

从权力特性看，权力可分为本原性权力和从属性权力。根据权力主体及目的，权力又可分为公共权力和私人权力，如图 3-1 所示。

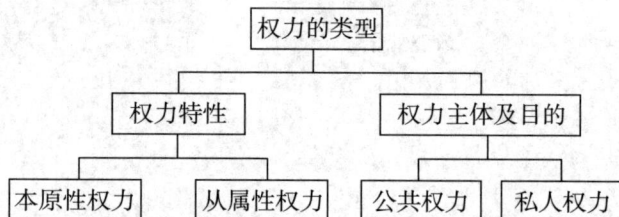

图 3-1　权力的类型

3. 行政权力

行政权力是一种公共性权力、从属性权力，也是一种政治权力，是指国家行政机关或被授予行政管理权限的其他社会组织，为有效执行国家意志，依法对社会公共事务进行组织和管理的一种能力或力量。

4. 行政权力的基本特征（见图 3-2）

（1）行政权力的主体是国家行政机关以及被授予行政管理权限的非政府组织。

（2）行政权力的客体是一个国家领土范围内所有的公民及由公民组成的社会组织。

图 3-2　行政权力的基本特征

（3）行政权力的目的是实现国家意志。

（4）行政权力的重要基础是国家强制力。

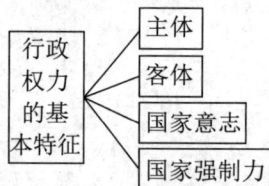

5. 行政权力的公共性

行政权力的公共性是国家政权在全社会获得合法性的基础，因此执行国家意志和实现公共利益，也就成为行政权力的根本目标。

作为执行性权力，行政权力在执行国家意志过程中还必须体现出有效性，有效性也是政权合法性的基础之一，因此行政效率是国家行政权力的直接目的。

在行政权力所有手段中，强制手段无疑是最有效的手段。

▶ **知识解读**

本知识点的考查题型一般为选择题。

▶ **真题小练**

单选题

1.（2010 年 7 月全国）行政权力的根本目标是（　　　）

A. 提高行政效率 　　　　　　　 B. 发展社会经济

C. 执行国家意志和实现公共利益 　D. 维护社会稳定

答案及解析：C。行政权力的根本目标是执行国家意志，实现公共利益。

2.（2016 年 4 月全国）行政权力的直接目的是（　　　）

A. 国家机关自身利益 　　　　　 B. 行政效率

C. 少数特定人员的利益 　　　　 D. 掌权者的利益

答案及解析：B。行政权力的直接目的是行政效率。

▶ **小试牛刀**

单选题

1. 行政权力合法性的基础是（　　　）

A. 行政权力的执行性 　　　　　 B. 行政权力的公共性

C. 行政权力的有限性 　　　　　 D. 行政权力的强制性

答案及解析：B。行政权力的公共性，是国家政权在全社会获得合法性的基础。

2. 在行政权力的所有手段中，最有效的手段是（　　　）

A. 强制手段 　　　　　　　　　 B. 法律手段

C. 政策手段 　　　　　　　　　 D. 领导手段

答案及解析：A。在行政权力的所有手段中，强制手段无疑是最有效的手段，它以武力或武力威胁做后盾，行政权力的客体如果不服从行政管理，行政权力主体可以依法使用强制力使之服从，让反抗者在肉体或精神上遭受重大的损失，并对未来可能的反对者起到阻吓作用。

> **名师解读** 权力按"特性"分——本原性权力和从属性权力；根据"权力主体及目的"分——公共权力和私人权力；"根本目标"——国家意志、公共利益；"直接目的"——行政效率；"最有效手段"——强制手段。

知识点 ❷

▶ **传统行政权力☆**

（1）从历史上看，行政权力起源于人类社会的组织分工，萌芽于原始社会的管理权。

（2）传统行政权力是指与传统农业社会发展状况相适应的行政权力。

▶ **知识解读**

本知识点的考查题型一般为单选题。

▶ **小试牛刀**

单选题

从历史上看,行政权力最早萌芽于(　　　)

　　A. 资本主义社会的管理权　　　　　　B. 原始社会的管理权

　　C. 封建社会的管理权　　　　　　　　D. 奴隶社会的管理权

答案及解析:B。从历史上看,行政权力起源于人类社会的组织分工,萌芽于原始社会的管理权。

> **名师解读** 行政权力"起源"——原始社会的管理权。

知识点 ③

▶ **现代行政权力** ☆☆☆

（1）现代行政权力是与现代工业社会相适应的行政权力,是一种从属性权力。

（2）进入20世纪以后,从发达国家开始,在世界范围内出现了一种普遍的现象,即行政权力急剧扩张,出现了所谓的"行政国家"。

（3）现代行政权力的特点:行政权力的自主性增强;作用范围日益广泛,内部功能日趋分化;其为理性的规则的权力。

▶ **知识解读**

本知识点的考查题型一般为选择题。

▶ **真题小练**

单选题

（2014年10月全国）进入20世纪后,从发达国家开始,在世界范围内出现了一种被称为"行政国家"的现象,这种现象是指(　　　)

　　A. 行政权力萎缩

　　B. 国家权力扩张,立法权力增强

　　C. 行政权力日益受限于立法权、司法权

　　D. 行政权力日益扩张,行政权力的地位不断提高答案及解析：D。进入 20 世纪以后，从发达国家开始，在世界范围内出现了一种普遍的现象，即行政权力急剧扩张，出现了所谓的"行政国家"。行政权力的地位不断提高，行政权力覆盖范围日益广泛，并常常出现行政权力凌驾于立法权力和司法权力之上的情况。

多选题

（2011 年 4 月全国）与传统行政权力相比，现代行政权力有许多不同的特点，主要表现在（　　）

　　A. 行政权力日益弱化　　　　　　　B. 作用范围日益广泛

　　C. 内部功能日趋分化　　　　　　　D. 行政权力的自主性增强

　　E. 缺乏相应的制约机制

答案及解析：BCD。与传统行政权力相比，现代行政权力有许多不同的特点，包括行政权力的自主性增强；作用范围日益广泛，内部功能日趋分化；其为理性的规则的权力。

▶ **小试牛刀**

单选题

1. 现代行政权力是一种（　　　　）

　　A. 本原性权力　　　　　　　　　　B. 从属性权力

　　C. 不受约束的权力　　　　　　　　D. 私人权力

答案及解析：B。现代行政权力是一种从属性权力。

2. 20 世纪以来，在世界范围内出现了一种被称为"行政国家"的现象，这种现象是指（　　　　）

　　A. 行政权力的扩张　　　　　　　　B. 行政权力的萎缩

　　C. 行政取代国家　　　　　　　　　D. 行政就是国家

答案及解析：A。进入 20 世纪以后，从发达国家开始，在世界范围内出现了一种普遍的现象，即行政权力急剧扩张，出现了所谓的"行政国家"。

> **名师解读** 现代行政权力→从属性权力；行政权力急剧扩张→"行政国家"；现代行政权力的特点→自主性增强、作用范围日益广泛、内部功能日趋分化、理性的规则的权力。

知识点 ④

▶ **行政权力的根本来源** ☆ ☆

　　（1）人民群众是国家权力的唯一来源，也是作为执行国家意志的行政权力的根本来源。

　　（2）现代民主理论认为，民主的本质是人民当家做主，主权在民是现代民主政治的核心。

▶ **知识解读**

本知识点的考查题型一般为单选题。

▶ **真题小练**

单选题

（2014 年 7 月全国）现代民主理论认为，现代民主政治的核心是（   ）

A. 少数服从多数 　　　　　　　B. 民主集中制

C. 普选制 　　　　　　　　　　D. 主权在民

答案及解析：D。人民作为国家行政权力的来源是由现代民主政治理论所支持，并为一整套政治法律制度所保障。现代民主理论认为，民主的本质是人民当家做主，主权在民是现代民主政治的核心。

▶ **小试牛刀**

单选题

行政权力的根本来源是（   ）

A. 人民群众 　　　　　　　　　B. 国家法律

C. 暴力斗争 　　　　　　　　　D. 选举

答案及解析：A。随着天赋人权观念的深入人心，人们逐步认识到人民群众才是国家权力的唯一来源，当然也是作为执行国家意志的行政权力的根本来源。

名师
解读　人民群众是国家权力的唯一来源；主权在民→现代民主政治的核心。

知识点 ⑤

▶ **行政权力的基础来源**☆☆☆

1. 强制力

强制力是一切权力的最原始、最直接的基础。

2. 诱导力

它不是依靠惩罚或威胁，而是给予物质的或精神的奖励，引诱行政权力客体服从管理。

3. 组织制度

这种权力的基础是行政组织结构及其所赖以运行的制度规则，行政主体可依靠层级性组织结构，通过强制或诱导，要求下级服从。

4. 信息

在现代社会，信息越来越成为最重要的财富和资源。

5. 个人因素

行政人员个人的品德、知识、能力、人际关系等都可以构成一种影响力，对行政客体施加影响，导致行政客体的服从。

▶ **知识解读**

本知识点的考查题型一般为选择题和简答题。

▶ **真题小练**

单选题

（2006年4月全国）在行政权力的基础来源中，一切权力最原始、最直接的基础是（　　　）

　A. 诱导力　　　　　　　　　　　　B. 强制力

　C. 组织制度　　　　　　　　　　　D. 个人因素

答案及解析：B。强制力是一切权力的最原始、最直接的基础。故本题选B。ACD选项也是行政权力的基础来源，但是不合题意。

多选题

（2017年10月全国）行政权力的基础来源有（　　　）

　A. 强制力　　　　　　　　　　　　B. 诱导力

　C. 组织制度　　　　　　　　　　　D. 信息

　E. 个人因素

答案及解析：ABCDE。行政权力的基础来源有：强制力、诱导力、组织制度、信息、个人因素。

▶ **小试牛刀**

简答题

简述行政权力的基础来源。

答案：行政权力的基础来源：①强制力；②诱导力；③组织制度；④信息；⑤个人因素。

> **名师解读** 行政权力的基础来源：强制力；诱导力；组织制度；信息；个人因素。简答题或选择题都比较常考这个知识点，同学们需着重记忆。

第二节　行政权力的特性及结构

知识点 1

▶ 行政权力的特性 ☆☆☆

1. 公共性

行政权力的公共性是行政权力合法性的基础。

公共性的主要体现如下所述。

（1）行政权力的主体只能是公共机构，而不是个人或私人组织。

（2）行政权力活动的领域是公共事务，不是私人领域。

（3）行政权力的目的是为社会公共利益服务，而不是为私人利益服务。

2. 执行性

行政权力本身不是目的，而是实现目的的手段。行政权力实质是一种执行性权力。

3. 有限性

这是指行政权力在各个方面都受到约束和限制。有限性的主要表现如下所述。

（1）行政权力作用范围是有限的。

（2）行政权力行使的方式是有限的。

（3）行政权力是受监督和制约的。

（现代民主国家对行政权力的监督，主要来自两个方面：以权力限制权力和以权利限制权力。）

行政权力特性的关键词如图 3-3 所示。

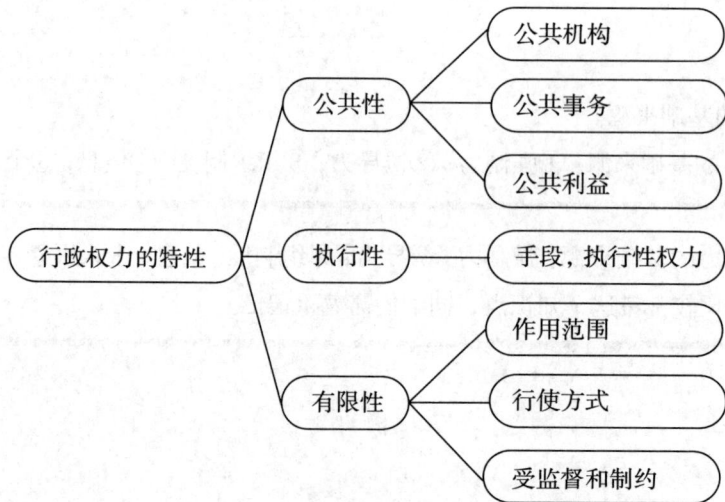

图 3-3　行政权力的特性

▶ **知识解读**

本知识点的考查题型一般为选择题和文字题。

▶ **真题小练**

单选题

1.（2014年10月全国）现代行政权从根本上说是行政主体执行民意代表机关的意志所拥有的权力，因此，行政权力实质上是一种（　　）

　　A. 公共性权力　　　　　　　　B. 监督性权力

　　C. 执行性权力　　　　　　　　D. 有限性权力

答案及解析：C。现代行政权从根本上是行政主体执行民意代表机关的意志所拥有的权力，行政权力实质上是一种执行性权力。

2.（2010年4月全国）行政权力合法性的基础是（　　）

　　A. 公共性　　　　　　　　　　B. 强制性

　　C. 自主性　　　　　　　　　　D. 有限性

答案及解析：A。公共性是一切国家行政权力的重要特性，行政权力的公共性是行政权力合法性的基础。公共性是指行政权力存在于公共领域，以对公共事务的处理为内容，以实现公共利益为目标。

▶ **小试牛刀**

简答题

简述行政权力的公共性体现。

答案：

（1）行政权力的主体只能是公共机构，而不是个人或私人组织。

（2）行政权力活动的领域是公共事务，不是私人领域。

（3）行政权力的目的是为社会公共利益服务，而不是为私人利益服务。

论述题

试述行政权力的有限性。

答案：

（1）行政权力有限性是指行政权力在各个方面都受到约束和限制，它对应的是行政权力的无限性。

（2）行政权力作用范围是有限的。

（3）行政权力行使方式是有限的。

（4）行政权力是受监督和制约的。

名师解读 公共性→合法性的基础；公共性体现在：主体只能是公共机构、活动的领域是公共事务、目的是为社会公共利益服务；行政权力实质是一种执行性权力；有限性主要表现在：作用范围、行使的方式、受监督和制约。

知识点 **2**

➤ 行政权力的结构☆☆

行政权力结构是指行政权力系统内部各要素相对稳定的关系模式，它建立在行政管理活动中权力分工的基础之上，由所在的宪政系统所规范，以及由宪政系统规范的权力系统紧密联系，用以描述行政权力系统内部从部分到整体的各种关系。行政权力结构可分为静态结构和动态结构两种类型。

1. 行政权力的静态结构

行政权力静态结构是指行政权力经过一定的程序分配之后，与不同的行政主体相结合所形成的一种网络结构，它与行政组织体系结构相一致，是行政管理活动赖以开展的基本框架。

2. 行政权力的动态结构

行政权力的活动是一种有规则的运动，其作用的方向、方式、轨道、层级、时间和结果等要素有相对稳定的关系模式，这种关系模式构成行政权力的动态结构。

行政权力的动态结构主要体现在以下方面。

（1）行政权力的作用方向和轨道具有明显的指向。

（2）行政权力的运行具有明显的层次性，在其运行过程中有许多环节。

（3）时间在行政权力动态结构中是一个必不可少的因素。这是行政权力动态结构与静态结构最大的区别。

（4）行政权力作用的结果也是行政权力动态结构的重要构成因素。

➤ 知识解读

本知识点的主要考查题型为选择题和文字题。

➤ 小试牛刀

多选题

行政权力结构可分为（　　　）

　A. 长期结构　　　　　　　　　　　B. 短期结构

　C. 静态结构　　　　　　　　　　　D. 动态结构

E.局部结构

答案及解析：CD。行政权力结构可分为静态结构和动态结构两种类型。行政权力静态结构是指行政权力经过一定的程序分配之后，与不同的行政主体相结合所形成的一种网络结构。行政权力的活动是一种有规则的运动，其作用的方向、方式、轨道、层级、时间和结果等要素有相对稳定的关系模式，这种关系模式构成行政权力的动态结构。

> **名师解读**（1）行政权力结构可分为静态结构和动态结构两种类型。
> （2）着重理解记忆行政权力动态结构的主要体现。

知识点 3

▶ 行政权力与行政责任 ☆☆☆

行政责任是指行政管理机关或行政管理者依其职权关系所产生的一种职责和任务。

行政权力与行政责任之间的关系如下所述。

（1）就行政责任的性质而言，由于行政权力的公共性，决定了行政责任是一种公共责任。

（2）就行政责任的产生而言，行政责任是一种基于行政职权关系而产生的责任。

（3）就行政责任的大小而言，行政责任是一种与行政权力相对等的责任。有多大的行政权力就应承担多大的行政责任，行政权力的大小必须与行政责任的大小对等，这是正确处理行政权力与行政责任之间关系的一个基本原则。

▶ 知识解读

本知识点的考查题型一般为选择题和文字题。

▶ 真题小练

单选题

1.（2017年4月全国）就行政责任的性质而言，行政权力的公共性决定了行政责任是一种（　　）

　　A.基于行政职权关系而产生的责任　　B.与行政权力相对等的责任

　　C.公共责任　　D.基于个人能力素质而形成的职责

答案及解析：C。就行政责任的性质而言，由于行政权力的公共性，决定了行政责任是一种公共责任。

2.（2013年4月全国）正确处理行政权力与行政责任关系的基本原则是（　　）

　　A.权力大于责任　　B.权力与责任相称

　　C.权力小于责任　　D.权力与责任分离

答案及解析：B。正确处理行政权力与行政责任关系的基本原则是权力与责任相称。

▶ **小试牛刀**

简答题

简述行政权力与行政责任的关系。

答案：

（1）就行政责任的性质而言，由于行政权力的公共性，决定了行政责任是一种公共责任。

（2）就行政责任的产生而言，行政责任是一种基于行政职权关系而产生的责任。

（3）就行政责任的大小而言，行政责任是一种与行政权力相对等的责任。

名师解读 公共性→公共责任；权力与责任相对等原则。此外，同学们还应该着重记忆行政权力与行政责任之间的关系。

第三节　中央政府与地方政府行政权力的关系

知识点 1

▶ **联邦制国家联邦政府与成员政府权力关系** ☆

1. 联邦制

实行联邦制的主要国家有美国、德国、澳大利亚、巴西、印度等，其中美国最为典型。

2. 联邦制国家联邦政府与成员政府权力关系

（1）联邦制国家中央和联邦成员单位的权限都是固有的。

（2）联邦政府在全国只拥有相对的权力。

（3）联邦成员单位的权力为宪法所明确规定，不由联邦政府授予或划分。

▶ **知识解读**

本知识点的考查题型一般为选择题。

▶ **真题小练**

单选题

（2017年10月全国）实行联邦制的典型国家是（　　　）

　A. 法国　　　　　　　　　　　B. 英国

　C. 日本　　　　　　　　　　　D. 美国

答案及解析：D。美国、德国、澳大利亚、巴西、印度是实行联邦制的主要国家，其中美国最为典型。

▶ **小试牛刀**

多选题

下列国家中实行联邦制的有（　　　）

　　A. 美国　　　　　　　　　　　B. 德国

　　C. 澳大利亚　　　　　　　　　D. 巴西

　　E. 印度

答案及解析：ABCDE。美国、德国、澳大利亚、巴西、印度是实行联邦制的主要国家。

> **名师解读**　实行联邦制的国家：美国、德国、澳大利亚、巴西、印度（美、德、澳、巴、印）。

知识点 ②

▶ **单一制国家中央政府与地方政府权力关系** ☆

　　1. 单一制

实行单一制的主要国家有英国、日本、法国等，其中英国最为典型。

　　2. 单一制国家中央政府与地方政府权力关系

（1）在单一制国家，全国有统一的宪法、统一的机关体系。

（2）国家内部按地域划分成若干行政区域作为地方政府。

（3）地方政府服从中央政府的统一领导。

　　3. 英国中央政府对地方政府实施监控指导的方式

英国的中央政府是全国各级地方政府的最高领导机构，各级地方政府必须接受中央政府的管辖，中央政府通过专门的职能对地方政府实施各方面的监控和指导，其方式包括立法控制、行政控制、财政控制。

▶ **知识解读**

　　本知识点的考查题型一般为选择题。

▶ **小试牛刀**

多选题

下列属于单一制国家的有（　　　）

A. 美国   B. 英国

C. 日本   D. 德国

E. 印度

答案及解析：BC。英国、法国、日本等是实行单一制的主要国家。

> **名师解读** 实行单一制的国家：英国、法国、日本（英、法、日），英国最为典型。

知识点 3

▶▶ 西方发达国家地方分权化的主要原因 ☆

1. 概述

自 20 世纪六七十年代以来，西方发达国家都出现了权力下放或地方分权化趋势。分权改革的内容在联邦制国家与单一制国家有所不同，但总体趋势都朝向增加地方自主性的方向发展，改变地方过分依赖中央的局面，使中央与地方间的资源分配更趋平衡，相互依存度提高。

2. 西方发达国家地方分权化的主要原因

（1）地方分权是为了提高行政效率。

（2）地方分权是为了适应现代经济的发展。

（3）地方分权是为了适应政治民主化的需要。

▶▶ 知识解读

本知识点的考查题型一般为选择题和文字题。

▶▶ 真题小练

多选题

（2013 年 7 月全国）当代西方国家实行地方分权改革的目的主要有（　　　）

A. 为了提高行政效率   B. 为了适应现代经济的发展

C. 为了适应政治民主化的需要   D. 为了加强中央集权统治

E. 为了进行对外扩张

答案及解析：ABC。当代西方国家实行地方分权改革的目的主要是提高行政效率、适应现代经济的发展、适应政治民主化的需要。

▶ 小试牛刀

论述题

试述 20 世纪六七十年代以来西方发达国家中央政府与地方政府权力关系发展趋势及其主要原因。

答案：

（1）趋势：自 20 世纪六七十年代以来，西方发达国家都出现了权力下放或地方分权化趋势。分权改革的内容在联邦制国家与单一制国家有所不同，但总体趋势都朝向增加地方自主性的方向发展，改变地方过分依赖中央的局面，使中央与地方间的资源分配更趋平衡，相互依存度提高。

（2）西方发达国家地方分权化的主要原因：地方分权是为了提高行政效率；地方分权是为了适应现代经济的发展；地方分权是为了适应政治民主化的需要。

> **名师解读** 趋势→权力下放或地方分权化；原因→提高行政效率、适应现代经济的发展、适应政治民主化的需要。

知识点 **4**

▶▶ 改革开放之前中央政府与地方政府权力关系的演变☆

（1）中华人民共和国成立后，我国继承了传统的单一制国家结构形式，并为适应计划经济体制需要，进一步强化了中央政府的权力，形成高度的中央集权体制。

（2）中央政府与地方政府经济管理权力关系。

在计划经济时期，事权主要表现为经济管理权。

（3）中央政府与地方政府非经济管理权力关系。

中央政府对地方政府的行政权限表现为行政领导或业务指导、控制地方编制、进行行政监督。

▶▶ 知识解读

本知识点的考查题型一般为选择题。

▶▶ 小试牛刀

单选题

在中国计划经济时期，事权主要表现为（　　　）

　A. 政治管理权　　　　　　　　　　　B. 经济管理权

　C. 社会事务管理权　　　　　　　　　D. 文化管理权

答案及解析：B。在中国计划经济时期，事权主要表现为经济管理权。

> **名师解读** 中华人民共和国成立后→高度中央集权体制；计划经济时期→事权主要表现为经济管理权。

知识点 5

▶ **改革开放以来中央政府与地方政府权力的关系演变☆**

十一届三中全会后，在经济体制改革的推动下，我国对中央与地方的关系进行了改革，逐步打破集权制的中央与地方关系模式，使中央与地方的关系相对稳定下来，开始向合理化方向发展。

1．中央政府与地方政府经济管理权力关系

（1）扩大地方政府经济管理的财权和事权（从1994年开始，中央与地方在财政关系上正式实行分税制）。

（2）在地方推行市管县体制，突出中心城市作用，赋予一些地区政府经济"特权"。

2．中央政府与地方政府非经济管理权力关系

中华人民共和国成立以来，我国中央政府与地方政府权力关系经过了多次调整，但中央集权仍是中央与地方关系的基本状态。

▶ **知识解读**

本知识点的考查题型一般为选择题。

▶ **真题小练**

多选题

（2016年4月全国）改革开放后我国中央与地方经济管理权调整的主要表现是（　　）

　　A. 扩大地方政府经济管理的财权与事权　　B. 扩大地方政府的人事管理权

　　C. 扩大地方政府变更行政区划的审批权　　D. 扩大地方政府的外事管理权

　　E. 推行市管县体制，赋予一些地方政府经济特权

答案及解析：AE。改革开放后，随着以市场为导向的经济体制改革的深化，地方政府的自主意识逐步增强，中央与地方经济管理权力关系也进行了调整。一是扩大地方政府经济管理的财权与事权；二是在地方推行市管县体制，突出中心城市的作用，赋予一些地方政府经济"特权"。

▶▶ **小试牛刀**

单选题

我国中央与地方在财政关系上正式推行分税制改革始于（　　　）

A. 1992 年　　　　　　　　　　　B. 1993 年

C. 1994 年　　　　　　　　　　　D. 1995 年

答案及解析：C。从 1994 年开始，中央与地方在财政关系上正式实行分税制。

> **名师解读** 经济管理权调整→财权与事权、市管县体制、经济"特权"；1994 年→分税制改革。

知识点 ⑥

▶ **重构我国中央政府与地方政府行政权力关系的思路** ☆☆

1. **以宪法形式明确规定中央政府与地方政府权限范围**

现代国家各级政府的权力应该来源于成文宪法，中央和地方政府依宪法行使职权，权力的行使受到宪法限制，不得滥用权力或者越权、侵权。要通过立法明确划分中央专有权力、地方专有权力及中央与地方共享权力。

2. **实现中央与地方利益分配的合理化**

在中央与地方利益关系问题上，既要有全局利益的统一性，也要有统一指导下兼顾局部利益的灵活性。理顺中央与地方的经济利益关系，必须健全和完善分税制。

3. **实行地方分权和基层自治**

地方自治赋予地方政府和基层政府在地方事权范围内相对自主的权力，使地方能够灵活机动地处理本地方的事务，既有利于提高行政效率，也有利于增强人民群众的公民意识，促进地方政府更好地回应人民的需求。

4. **健全和完善对地方行政权力的监督**

为防止权力滥用的发生，需要健全和完善对地方行政权力的监控体系，一方面，要加强中央政府自上而下地对地方权力的监控；另一方面，要健全和完善地方选民自下而上对地方行政权力的监控，选民通过民意代表机构、社会舆论等监督和制约地方行政权力，保证行政权力切实体现公共意志，为公共利益服务。

▶▶ **知识解读**

本知识点的考查题型一般为文字题。

▶▶ **小试牛刀**

论述题

试述重构我国中央政府与地方政府行政权力关系的基本思路。

答案:

（1）以宪法形式明确规定中央政府与地方政府权限范围：现代国家各级政府的权力应该来源于成文宪法，中央和地方政府依宪法行使职权，权力的行使受到宪法限制，不得滥用权力或者越权、侵权。要通过立法明确划分中央专有权力、地方专有权力及中央与地方共享权力。

（2）实现中央与地方利益分配的合理化：在中央与地方利益关系问题上，既要有全局利益的统一性，也要有统一指导下兼顾局部利益的灵活性。理顺中央与地方的经济利益关系，必须健全和完善分税制。

（3）实行地方分权和基层自治：地方自治赋予地方政府和基层政府在地方事权范围内相对自主的权力，使地方能够灵活机动地处理本地方的事务，既有利于提高行政效率，也有利于增强人民群众的公民意识，促进地方政府更好地回应人民的需求。

（4）健全和完善对地方行政权力的监督：为防止权力被滥用，需要健全和完善对地方行政权力的监控体系。一方面，要加强中央政府自上而下地对地方权力的监控。另一方面，要健全和完善地方选民自下而上对地方行政权力的监控，选民通过民意代表机构、社会舆论等监督和制约地方行政权力，保证行政权力切实体现公共意志，为公共利益服务。

第四章　行政职能

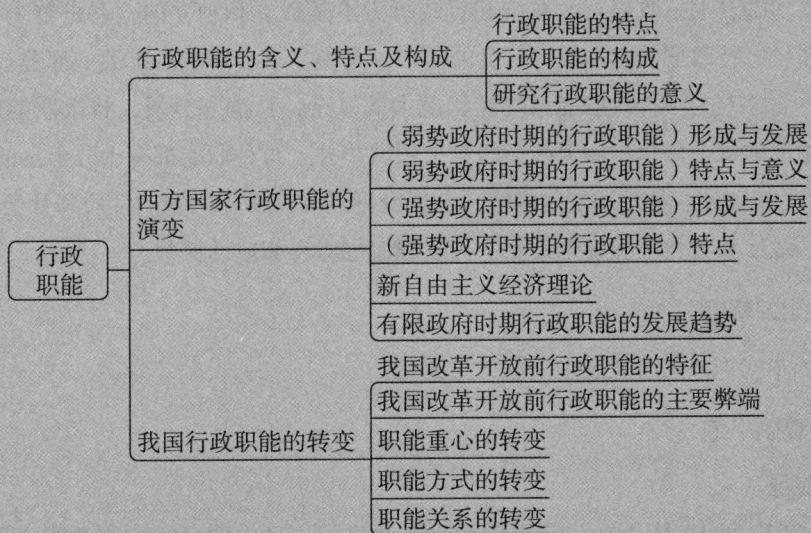

```
                                              ┌─ 行政职能的特点
                    行政职能的含义、特点及构成 ─┤  行政职能的构成
                                              └─ 研究行政职能的意义

                                              ┌─ （弱势政府时期的行政职能）形成与发展
                                              │  （弱势政府时期的行政职能）特点与意义
                    西方国家行政职能的          │  （强势政府时期的行政职能）形成与发展
                    演变                      ─┤  （强势政府时期的行政职能）特点
  行政                                         │  新自由主义经济理论
  职能 ─┤                                     └─ 有限政府时期行政职能的发展趋势

                                              ┌─ 我国改革开放前行政职能的特征
                                              │  我国改革开放前行政职能的主要弊端
                    我国行政职能的转变         ─┤  职能重心的转变
                                              │  职能方式的转变
                                              └─ 职能关系的转变
```

第一节　行政职能的含义、特点及构成

知识点 **1**

▶ **行政职能的特点**☆☆☆

（1）行政职能是国家行政机关在一定时期内，根据社会需求，依据一定的规则，在国家的政治、经济和社会事务管理中承担的基本职责和发挥的功能作用。

（2）行政职能必须体现和执行国家的社会管理职能，以服务社会公共利益的面目出现在世人面前，因此行政职能带有很强的公共性。

（3）行政职能的特点。

①执行性：在现代社会中，国家的行政职能与立法职能、司法职能区别开来，行政职能具有明显的执行性质。

②整体性：政府行政系统和行政行为不是孤立和独立的，它是整个社会系统中的一个子系统，行政职能必须反映社会的需求，是整个社会职能系统的一部分。

③多样性：行政职能系统结构庞大而复杂，从静态分析，行政职能广泛渗透到整个社会生活的每个角落，涵盖社会的各个领域，并且每种职能都有十分丰富的内涵。

④动态性：行政职能的内容、范围及活动方式源于国家的性质和社会的需求，若社会经济、政治和文化环境发生改变，行政职能也应有相应的调整。

▶ **知识解读**

本知识点的考查题型一般为选择题。

▶ **真题小练**

单选题

1.（2017 年 10 月全国）在现代社会中，相对于立法职能而言，行政职能具有明显的（　　　）

A. 执行性　　　　　　　　　　　B. 经济性

C. 普遍性　　　　　　　　　　　D. 阶级性

答案及解析：A。在现代社会中，国家的行政职能与立法职能、司法职能区别开来，行政职能具有明显的执行性质。

2.（2008 年 4 月全国）行政职能必须体现和执行国家的社会管理职能，以服务社会公共利益的面目出现在世人面前，因此行政职能带有很强的（　　　）

A. 强制性　　　　　　　　　　　B. 公共性

C. 谋利性　　　　　　　　　　　D. 服务性

答案及解析：B。政治统治职能都是以执行某种社会管理职能为基础。国家存在是为满足一般共同需要，尽管国家的阶级本质不同，但都必须适应社会生活发展的需要，承担社会公共管理职能，行政职能必须体现和执行国家的社会管理职能，以服务社会公共利益的面目出现在世人面前，因此行政职能带有很强的公共性。

▶ **小试牛刀**

多选题

行政职能的特点有（　　　）

　A. 执行性　　　　　　　　　B. 整体性

　C. 多样性　　　　　　　　　D. 动态性

　E. 不变性

答案及解析：ABCD。行政职能的特点有执行性、整体性、多样性、动态性。

知识点 **2**

▶ **行政职能的构成☆**

行政职能总体上可分为两大体系，一是以行政管理内容为标准的任务性行政职能，二是以行政管理过程为对象的程序性行政职能。

1. 任务性行政职能

（1）政治职能。

政治职能是指行政机关所承担的维护和实现阶级统治、保卫国家和社会安全的职能。这是政府最主要、最古老的职能。

（2）经济职能。

经济职能是指政府所承担的组织和管理社会经济事务的职能。

（3）文化职能。

文化职能是指政府在精神和价值层面所承担的管理职能。

（4）社会管理职能。

社会管理职能是指政府所承担的社会服务和社会保障的职能，它是行政职能中最广泛、最丰富的一项基本职能。

2. 程序性行政职能

程序性行政职能包括：计划职能；决策职能；组织职能；协调职能；控制职能。

计划职能是行政运行职能中的第一步，也是首要职能，直接影响和决定行政管理运行过程中其他职能的效果。

决策职能是最重要的行政职能，在行政管理过程中处于核心地位，贯穿于行政管理过程的始终。

▶ **知识解读**

本知识点的主要考查题型为选择题和文字题。

▶ **小试牛刀**

单选题

行政职能中最广泛、最丰富的一项基本职能是（　　　）

　A. 政治职能　　　　　　　　　　B. 经济职能

　C. 文化职能　　　　　　　　　　D. 社会管理职能

答案及解析：D。题干关键词：最广泛、最丰富。

任务性行政职能：政治职能（政府最主要、最古老的职能）、经济职能、文化职能、社会管理职能（行政职能中最广泛、最丰富的一项基本职能）。

社会管理职能是行政职能中最广泛、最丰富的一项基本职能。凡致力于改善、保障人民物质文化生活并体现人文主义思想的政府事项，都属于社会管理职能范围。

> **名师解读** 行政职能的构成如下所述。
>
> （1）任务性行政职能：政治职能（最主要、最古老）、经济职能、文化职能、社会管理职能（最广泛、最丰富）。
>
> （2）程序性行政职能：计划职能（首要职能）、决策职能（最重要）、组织职能、协调职能、控制职能。

知识点 ③

▶ **研究行政职能的意义** ☆

行政职能是行政管理活动的实质和核心。研究行政职能具有如下意义。

（1）研究行政职能有利于合理地确定行政活动的方向和重点。

（2）研究行政职能有利于加强行政组织建设。

（3）研究行政职能有利于促进行政管理科学化。

（4）研究行政职能有利于提高行政效率和效能。

▶ **知识解读**

本知识点的考查题型一般为选择题。

小试牛刀

单选题

行政管理活动的实质和核心是（　　　）

 A. 行政职能   B. 行政机构

 C. 行政效率   D. 行政领导

答案及解析：**A**。行政职能是行政管理活动的实质和核心。

> **名师解读** 行政管理活动的实质和核心——行政职能。

第二节　西方国家行政职能的演变

知识点 1

▶ **（弱势政府时期的行政职能）形成与发展**☆☆☆

（1）弱势政府时期即"守夜人"政府时期。政府只起"守夜人"的作用，政府的职能仅限于保护社会免受外敌侵犯；保护每一个社会成员免受其他成员的强制，实现社会公正；建设和保护公共设施。在此意义上，管得最少的政府是最好的政府。

（2）古典自由主义的代表人物亚当·斯密于1776年出版了《国民财富的性质和原因的研究》（简称《国富论》）。斯密向以重商主义为代表的传统国家干预经济理论和政策发起了挑战，以"经济人"假设为理论基础，提出"自私的动机、私有的企业、竞争的市场"是自由经济制度的三要素，认为利己是人的本性，人们从事经济活动，无不以追求自己最大经济利益为动机，而每个人又是他自己利益的最好判断者，自然应当有按自己方式行动的自由，如不加干预，不仅会达到自身目标，而且有助于推进公共利益。亚当·斯密阐述了"看不见的手"原理，他竭力主张自由竞争，让市场机制这一"看不见的手"充分发挥作用。

▶ **知识解读**

 本知识点的考查题型一般为选择题。

▶ **真题小练**

单选题

1.（2014年10月全国）"管得最少的政府是最好的政府"这一观点是（　　　）

 A. 弱势政府时期的政治主张   B. 强势政府时期的政治主张

C. 有限政府时期的政治主张　　　　　　D. 法治政府时期的政治主张

答案及解析：A。"管得最少的政府是最好的政府"是弱势政府时期的政治主张。

2.（2014 年 7 月全国）"守夜人"政府时期指的是（　　　）

　　A. 有限责任政府时期　　　　　　　　B. 弱势政府时期

　　C. 全能政府时期　　　　　　　　　　D. 强势政府时期

答案及解析：B。弱势政府时期即"守夜人"政府时期。

3.（2014 年 4 月全国）以"经济人"假设为理论基础，提出"自私的动机、私有的企业、竞争的市场"的自由经济制度三要素的经济学家是（　　　）

　　A. 亚当·斯密　　　　　　　　　　　B. 凯恩斯

　　C. 西蒙　　　　　　　　　　　　　　D. 威廉·配第

答案及解析：A。亚当·斯密以"经济人"假设为理论基础，提出"自私的动机、私有的企业、竞争的市场"是自由经济制度的三要素。

4.（2012 年 4 月全国）亚当·斯密提出的"看不见的手"是指（　　　）

　　A. 政府调控　　　　　　　　　　　　B. 市场机制

　　C. 财政机制　　　　　　　　　　　　D. 价格机制

答案及解析：B。亚当·斯密阐述了"看不见的手"原理，他竭力主张自由竞争，让市场机制这一"看不见的手"充分发挥作用。

▶ **小试牛刀**

单选题

在西方，我们将处于相对弱势地位的政府称为（　　　）

　　A. 全能政府　　　　　　　　　　　　B. 无政府

　　C. "守夜人"政府　　　　　　　　　　D. 有限政府

答案及解析：C。在西方，我们将处于相对弱势地位的政府称为"守夜人"政府，弱势政府时期即"守夜人"政府时期。

> **名师解读**　"守夜人"政府时期→弱势政府时期；亚当·斯密→"看不见的手"；"看不见的手"是指市场机制。

知识点 **2**

▶ **（弱势政府时期的行政职能）特点与意义** ☆☆☆

　　1. 在弱势政府时期的西方国家政府职能的特点

　　政府职能非常有限，政府很少对经济进行干预，其作用只限于为私人企业提供良好的发展环境，维护市场秩序，提供有限的公共物品。

　　2．弱势政府职能的意义

　　（1）积极意义：充分认识到市场机制的作用，适应了自由资本主义的需要，促进了资本主义经济的发展。

　　（2）消极意义：导致了社会生产的无政府状态，引起经济危机的爆发。

▶ **知识解读**

　　本知识点的考查题型一般为选择题和文字题。

▶ **真题小练**

单选题

（2017 年 10 月全国）弱势政府职能的积极意义在于（　　　　）

　　A．适应了自由资本主义需要　　　　　B．促进了微观经济管理

　　C．促进了福利国家的形成　　　　　　D．促进了资本主义向社会主义过渡

答案及解析：A。弱势政府职能的积极意义在于它充分认识到市场机制的作用，适应了自由资本主义的需要，促进了资本主义经济的发展。

▶ **小试牛刀**

简答题

简述弱势政府时期行政职能的特点及意义。

答案：

（1）弱势政府时期的西方国家政府职能的特点是：政府职能非常有限，政府很少对经济进行干预，其作用只限于为私人企业提供良好的发展环境，维护市场秩序，提供有限的公共物品。

（2）弱势政府时期行政职能的意义：其积极意义在于它充分认识到市场机制的作用，适应了自由资本主义的需要，促进了资本主义经济的发展；消极意义在于它导致了社会生产的无政府状态，引起经济危机的爆发。

知识点 ③

▶ **（强势政府时期的行政职能）形成与发展** ☆☆

　　凯恩斯主张实行政府对经济生活的全面干预。强势政府时期即"积极干预"政府时期。政府"积极干预"职能的出现是由 20 世纪一系列大事促成的。

▶ **知识解读**

　　本知识点的考查题型一般为选择题及简答题。

▶▶ **真题小练**

单选题

（2015 年 4 月全国）从行政职能发展历史来看，强势政府时期也被称为（　　）

　　A."守夜人"时期　　　　　　　　　B."积极干预"时期

　　C."有限政府"时期　　　　　　　　D."有效政府"时期

答案及解析：B。强势政府时期即"积极干预"政府时期。

▶▶ **小试牛刀**

单选题

在政府与市场的关系上，经济学家凯恩斯主张实行（　　）

　　A.政府对经济生活的全面干预　　　B.政府对经济生活的完全放任

　　C.管得最少的政府就是最好的政府　D.政府对经济生活的低度干预

答案及解析：A。凯恩斯主张实行政府对经济生活的全面干预。

> **名师解读** 凯恩斯→全面干预；强势政府时期→"积极干预"。

知识点 ④

▶▶ **（强势政府时期的行政职能）特点** ☆☆☆

　　1. 强势政府时期的行政职能范围大大拓展

　　强势政府时期政府经济职能的增强主要体现如下所述。

　　（1）加强对市场的宏观调控。

　　（2）兴办国有企业。

　　（3）加强对企业和市场的规制。

　　（4）加强社会管理。市场机制在配置资源中有很强的外部性，外部性包括外部经济和外部不经济。

　　①外部经济也叫外部利益，是指某一经济活动或某一项目所产生的效益被与该项目无关的人所享有。

　　②外部不经济也叫外部损失成本，是指某一企业的经济活动造成了经济损失但不承担成本的情况。

　　2. 强势政府时期的行政职能方式更加复杂多样

　　（1）广泛使用法律手段。

　　（2）使用计划手段。

（3）制定产业政策。

（4）采取财政政策、金融政策等经济手段。

（5）采取直接的行动手段。

▶ **知识解读**

本知识点的考查题型一般为选择题及简答题。

▶ **真题小练**

多选题

1.（2018年4月全国）强势政府时期的行政职能方式主要有（　　　）

A. 广泛使用法律手段　　　　　　　B. 使用计划手段

C. 制定产业政策　　　　　　　　　D. 采取财政政策等经济手段

E. 采取直接的行动手段

答案及解析：ABCDE。强势政府时期的行政职能方式主要有：广泛使用法律手段；使用计划手段；制定产业政策；采取财政政策、金融政策等经济手段；采取直接的行动手段。

2.（2010年4月全国）强势政府时期政府经济职能的增强主要体现在（　　　）

A. 加强对市场的宏观调控　　　　　B. 兴办国有企业

C. 加强对企业和市场的规制　　　　D. 强调市场作用的发挥

E. 公共服务社会化

答案及解析：ABC。强势政府时期政府经济职能的增强主要体现：加强对市场的宏观调控、兴办国有企业、加强对企业和市场的规制、加强社会管理。

简答题

（2009年7月全国）简述强势政府时期的行政职能方式。

答案：

（1）广泛使用法律手段。

（2）使用计划手段。

（3）制定产业政策。

（4）采取财政政策、金融政策等经济手段。

（5）采取直接的行动手段。

▶ **小试牛刀**

单选题

1. 市场机制在配置资源方面有很强的外部性，这种外部性包括外部经济和（　　　）

A. 内部经济　　　　B. 内部不经济　　　　C. 外部不经济　　　　D. 微观经济

答案及解析：C。市场机制在配置资源中有很强的外部性，外部性包括外部经济和外部不经济。

2.强势政府时期,行政职能所具有的特点是(　　)

　　A.政府职能非常有限　　　　　　　　B.适应自由资本主义的发展

　　C.政府很少对经济进行干预　　　　　D.行政职能范围大大拓展

答案及解析:D。强势政府时期,行政职能所具有的特点之一是行政职能范围大大拓展。

知识点 5

▶ 新自由主义经济理论☆☆

　　在20世纪70年代以后,面对西方国家的经济"滞胀"现象,新自由主义经济理论认为,政府解决市场缺陷的唯一正确的途径,不是进行政府干预,而是进一步明晰产权。以哈耶克、罗宾斯等为代表的自由主义伦敦学派,以拉弗尔、费尔德斯坦为代表的供给学派,以卢卡斯等为代表的理性预期学派,以布坎南等为代表的公共选择学派等,这些理论学派统称为新自由主义经济理论,他们的理论成为这一时期的主流经济理论,成为政府制定经济政策的理论依据,如下表所示。

表4-1　各学派及代表人物

学派	代表人物
自由主义伦敦学派	哈耶克、罗宾斯
供给学派	拉弗尔、费尔德斯坦
理性预期学派	卢卡斯
公共选择学派	布坎南

▶ 知识解读

　　本知识点的考查题型一般为选择题。

▶ 真题小练

单选题

(2016年4月全国)在新自由主义经济理论的各种学派中,以哈耶克、罗宾斯为代表的学派是(　　)

　　A.供给学派　　　　　　　　　　　　B.理性预期学派

　　C.公共选择学派　　　　　　　　　　D.自由主义伦敦学派

答案及解析:D。以哈耶克、罗宾斯等为代表的学派是自由主义伦敦学派。

▶ 小试牛刀

单选题

20世纪70年代以后,面对西方国家的经济"滞胀"现象,新自由主义经济理论认为,政

府解决市场缺陷的唯一正确的途径，不是进行政府干预，而是（　　）

A. 进一步强化政府管治　　　　　　B. 进一步明晰产权

C. 实现凯恩斯主义　　　　　　　　D. 取代市场机制

答案及解析：B。新自由主义经济理论的观点是：政府的缺陷至少与市场缺陷一样严重，所以政府不但不能纠正市场，反而会使之恶化，政府解决市场缺陷的唯一正确的途径是进一步明晰产权，而不是进行政府干预。

知识点 **6**

▶ **有限政府时期行政职能的发展趋势**☆☆☆

1. 有限政府时期行政职能的发展趋势

（1）通过非国有化，减少政府对企业的微观管理。

（2）放松规制，更好地发挥市场机制的作用。

（3）推进公共服务职能的社会化、市场化。

2. 公共服务职能的社会化、市场化的三种主要形式

（1）政府业务合同出租。

（2）以私补公，打破垄断，建立政府部门与私营企业的伙伴关系。

（3）公共服务社会化，即政府授权社会并鼓励各社区建立各种公共事业。

▶ **知识解读**

本知识点的考查题型一般为选择题及简答题。

▶ **真题小练**

多选题

1.（2015年4月全国）有限政府时期西方国家行政职能发展的主要趋势有（　　）

A. 通过非国有化，减少政府对企业的微观管理

B. 管得最少的政府就是最好的政府

C. 放松规制，更好地发挥市场机制的作用

D. 大大拓展行政职能范围

E. 推进公共服务职能的社会化、市场化

答案及解析：ACE。有限政府时期政府行政职能的发展趋势是：①通过非国有化，减少政府对企业的微观管理；②放松规制，更好地发挥市场机制的作用；③推进公共服务职能的社会化、市场化。

2.（2011年4月全国）公共服务市场化和社会化采取的主要形式有（　　）

A. 政府直接生产与供给公共产品　　　　B. 政府业务合同出租

C.建立公私合作的伙伴关系　　　　　D.企业供给个人消费产品

E.政府授权社区并鼓励各社区建立各种公共事业

答案及解析：BCE。公共服务市场化和社会化主要采取三种形式：政府业务合同出租；以私补公，打破垄断，建立政府部门与私营企业的伙伴关系；公共服务社会化，即政府授权社区并鼓励各社区建立各种公共事业。

▶ **小试牛刀**

简答题

简述有限政府时期行政职能的发展趋势。

答案：

（1）通过非国有化，减少政府对企业的微观管理。主要是将公有企业和公用事业的产权转移或私有化。

（2）放松规制，更好地发挥市场机制的作用，

（3）推进公共服务职能的社会化、市场化。具体来说，公共服务市场化和社会化主要采取三种形式：①政府业务合同出租；②以私补公，打破垄断，建立政府部门与私营企业的伙伴关系；③公共服务社会化。

第三节　我国行政职能的转变

知识点 1

▶ **我国改革开放前行政职能的特征**☆

1.概述

改革开放以前，我国行政职能模式是在沿用革命战争年代和借鉴苏联模式的基础上发展起来的，它主要是为适应高度集中的体制要求而建立起来的。政府以直接的行政手段广泛干预社会经济生活，行政职能过分膨胀，形成了所谓的"全能政府"或"超强势政府"的职能模式。

2.改革开放前我国行政职能模式所具有的特征

（1）集中计划管理。

（2）微观直接管理。

（3）不适当地强调阶级斗争职能。

▶ **知识解读**

本知识点的考查题型一般为选择题。

▶ **真题小练**

单选题

（2017 年 4 月全国）在计划经济体制下，我国政府行政职能模式属于（　　　）

　　A. 有限政府职能模式　　　　　　　B. 守夜人政府职能模式

　　C. 弱势政府职能模式　　　　　　　D. 全能型政府职能模式

答案及解析：D。改革开放以前，我国政府以直接的行政手段广泛干预社会经济生活，行政职能过分膨胀，形成了所谓的"全能政府"或"超强势政府"的职能模式。

▶ **小试牛刀**

多选题

改革开放前我国行政职能模式的突出特征有（　　　）

　　A. 集中计划管理　　　　　　　　　B. 微观直接管理

　　C. 宏观间接管理　　　　　　　　　D. 不适当地强调阶级斗争职能

　　E. 片面强调经济职能

答案及解析：ABD。改革开放前我国行政职能模式具有以下几个特征：集中计划管理；微观直接管理；不适当地强调阶级斗争职能。

知识点 **2**

▶ **我国改革开放前行政职能的主要弊端** ☆☆

　　我国改革开放前行政职能的主要弊端如下所述。

　　（1）造成政府机构膨胀。

　　（2）资源配置效率不高。

　　（3）企业和社会缺乏动力机制。

　　（4）容易产生腐败。

▶ **知识解读**

　　本知识点的考查题型一般为选择题及简答题。

▶ **真题小练**

多选题

（2014 年 7 月全国）改革开放前我国行政职能的主要弊端有（　　　）

　　A. 政府机构膨胀　　　　　　　　　B. 个人合法权益保障不足

　　C. 资源配置效率不高　　　　　　　D. 企业和社会缺乏动力机制

　　E. 容易产生腐败

答案及解析：ACDE。改革开放之前采取的政府为主体、行政化、计划化、集中化的管理方式，与计划经济体制相适应。这种"全能主义"职能模式有以下主要弊端：造成政府机构膨胀；资源配置效率不高；企业和社会缺乏动力机制；容易产生腐败。

▶ **小试牛刀**

简答题

简述我国改革开放前政府"全能主义"职能模式的弊端。

答案：

我国改革开放前，政府"全能主义"职能模式的弊端如下所述：

（1）造成政府机构膨胀。

（2）资源配置效率不高。

（3）企业和社会缺乏动力机制。

（4）容易产生腐败。

知识点 ③

▶ **职能重心的转变☆☆**

党的十一届三中全会明确把党和国家的工作重点转移到经济建设上来。此后，各级政府坚持以经济建设为中心，实现了政府职能重心的根本转变。

▶ **知识解读**

本知识点的考查题型一般为选择题。

▶ **真题小练**

单选题

（2010年7月全国）改革开放以来我国政府职能的重心是（　　　）

　　A. 以阶级斗争为中心　　　　　　　　B. 以科技发展为中心

　　C. 以经济建设为中心　　　　　　　　D. 以政治发展为中心

答案及解析：C。改革开放以来我国政府职能的重心是以经济建设为中心。

▶ **小试牛刀**

单选题

改革开放以来，我国各级政府的中心任务是（　　　）

　　A. 社会治理　　　　　　　　　　　　B. 政治改革

　　C. 政治统治　　　　　　　　　　　　D. 发展经济

答案及解析：D。党的十一届三中全会明确把党和国家的工作重点转移到经济建设上来。此后各级政府坚持以经济建设为中心，实现了政府职能重心的根本转变。可见改革开放以来，我国各级政府的中心任务是发展经济。

> **名师解读** 改革开放以来，我国各级政府的中心任务是发展经济，政府职能的重心是以经济建设为中心。

知识点 4

▶ 职能方式的转变 ☆☆☆

1.改革开放后我国政府职能方式的转变

（1）由运用行政手段为主向运用经济手段为主，并将经济手段与法律手段、行政手段结合起来。

（2）由微观管理、直接管理为主，转向宏观管理、间接管理为主。

（3）由重计划、排斥市场转向以市场为主，计划与市场相结合。

2.政府的经济职能

政府的经济职能主要是宏观调控、提供服务、检查监督。

▶ 知识解读

本知识点的考查题型一般为选择题及简答题。

▶ 小试牛刀

简答题

简述改革开放后我国政府职能重心与政府职能方式的转变。

答案：

改革开放以来，党和国家的工作重点转移到经济建设上来，此后，各级政府坚持以经济建设为中心，实现了政府职能重心的根本转变。

我国在转变政府职能重点和职能范围的同时，也转变了政府职能方式，主要体现在以下三个方面。

（1）由运用行政手段为主向运用经济手段为主，并将经济手段与法律手段、行政手段结合起来。

（2）由微观管理、直接管理为主，转向宏观管理、间接管理为主。

（3）由重计划、排斥市场转向以市场为主，计划与市场相结合。

知识点 5

▶ **职能关系的转变** ☆☆☆

（1）理顺中央政府与地方政府、上级地方政府与下级地方政府之间的职能关系。中央与地方关系，实质是权力配置关系、利益分配关系，也是一种法律关系。理顺中央与地方关系，必须在合理划分事权、财权的基础上，明确中央与地方的职能关系，并用法律形式固定下来。理顺中央和地方、上级和下级的职能关系，在指导原则上要坚持有利于发挥中央和地方两个积极性，改变过去中央和上级过度集权的问题，实行中央与地方各级政府适度分权，做到权责利相一致，形成中央政府与地方政府之间合理协调分工的合作关系；坚持有利于维护国家政令统一，防止地方割据，加强中央权威和宏观调控能力，又要有利于增强地方和基层活力，充分调动地方和基层的积极性；既要有利于建立统一的全国市场，充分发挥市场在资源配置中的基础性作用，也要有利于全国各地经济和社会协调发展。

（2）理顺政企关系。随着社会主义市场经济体制的建立和完善，政府与企业的依附关系发生了根本的变化。

（3）理顺政府与市场的关系。把市场对社会经济运行和资源配置的决定性作用与政府宏观调控和战略规划有机地结合起来。

（4）理顺政府与社会的关系。在市场经济条件下，政府在社会管理方面的基本职能就是组织"公共物品"的供给，管理好社会公共事务，改变计划体制下由政府包办一切的状况。

（5）理顺政府内部各职能部门的关系。一是对政府各部门进行职能分解和职能分析，明确分工，划清职责；二是加强制度建设，明确各部门的地位、作用及与相关部门之间的联系协调方式，使各部门行为有章可行，完善行政运行机制；三是完善协调机制，由于现实中各部门管理对象的复杂性，即使最明确合理的职责分工，也不可能完全避免职责交叉，为此需建立部门之间的工作协调机制，解决矛盾和纠纷。

我国政府职能关系转变的主要体现如图 4-1 所示。

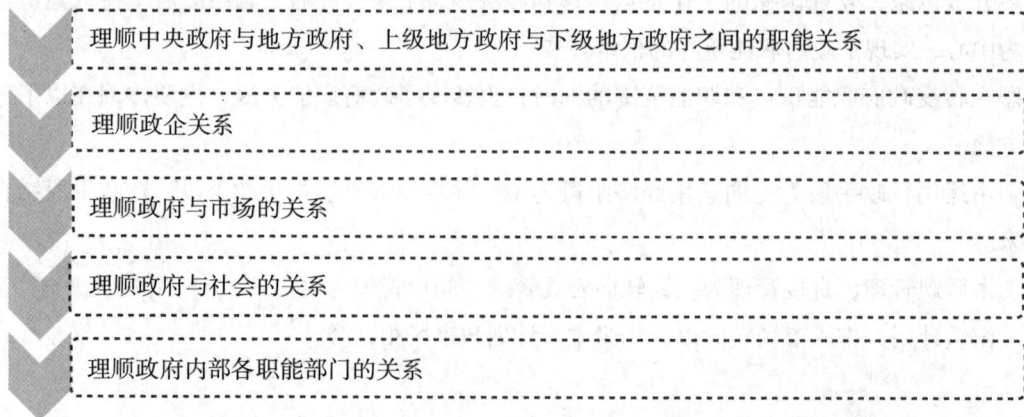

> 理顺中央政府与地方政府、上级地方政府与下级地方政府之间的职能关系

> 理顺政企关系

> 理顺政府与市场的关系

> 理顺政府与社会的关系

> 理顺政府内部各职能部门的关系

图 4-1　我国政府的职能关系的转变

　　大部门制是近年来理顺政府内部各部门职能关系的一大改革措施。2009 年，我国一些地方探索实行大部门制。

▶▶ **知识解读**

　　本知识点的考查题型一般为选择题及论述题。

▶▶ **小试牛刀**

论述题

试述我国政府职能关系转变的主要内容。

答案：

（1）理顺中央政府与地方政府、上级地方政府与下级地方政府之间的职能关系。

（2）理顺政企关系。

（3）理顺政府与市场的关系。

（4）理顺政府与社会的关系。

（5）理顺政府内部各职能部门的关系。

第五章 行政管理机构

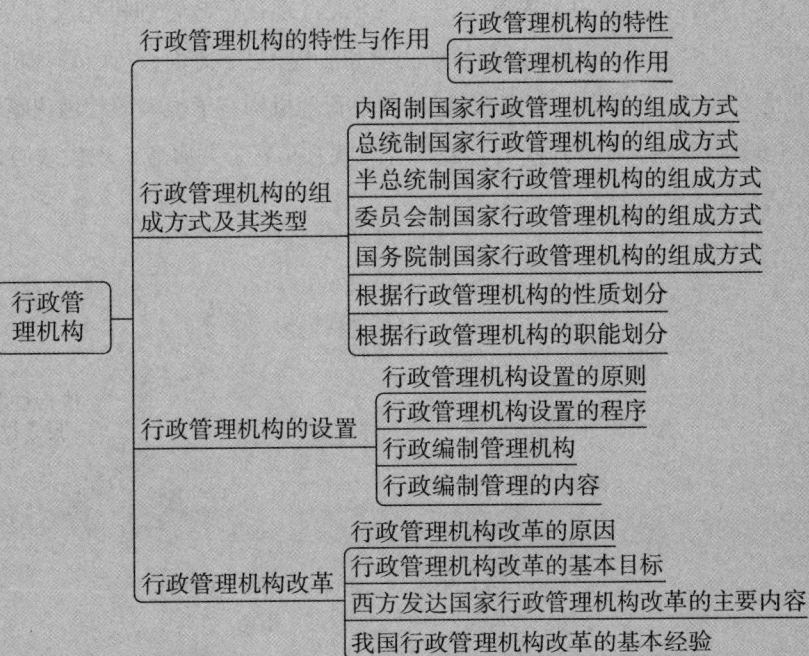

行政管理机构
- 行政管理机构的特性与作用
  - 行政管理机构的特性
  - 行政管理机构的作用
- 行政管理机构的组成方式及其类型
  - 内阁制国家行政管理机构的组成方式
  - 总统制国家行政管理机构的组成方式
  - 半总统制国家行政管理机构的组成方式
  - 委员会制国家行政管理机构的组成方式
  - 国务院制国家行政管理机构的组成方式
  - 根据行政管理机构的性质划分
  - 根据行政管理机构的职能划分
- 行政管理机构的设置
  - 行政管理机构设置的原则
  - 行政管理机构设置的程序
  - 行政编制管理机构
  - 行政编制管理的内容
- 行政管理机构改革
  - 行政管理机构改革的原因
  - 行政管理机构改革的基本目标
  - 西方发达国家行政管理机构改革的主要内容
  - 我国行政管理机构改革的基本经验

第一节 行政管理机构的特性与作用

知识点 **1**

▶ **行政管理机构的特性**☆ ☆ ☆

行政管理机构的特性体现在以下几个方面（见图5-1）。

（1）合法性。依法行政并对其活动承担法律责任是行政管理机构从事各项行政活动所遵循的首要原则。

（2）主体性。行政管理机构是行使行政权力的主体，是行政职能的主要载体，在行政关系中居于主动地位。

（3）系统性。行政管理机构是一个庞大的、有机的系统。

（4）权威性。权威性是行政管理机构进行社会管理的重要依据和工具。

（5）执行性。在很大程度上说，一方面，现代行政管理机构大都是立法机构或权力机关的执行机构，执行后者通过的各项法律和法规；另一方面，行政管理机构的权力日益增长，特别是委托立法权和政策制定权，使得行政管理机构有了很大的管理决策和辅助决策的权力。

（6）服务性。在现代社会，公共管理就意味着公共服务，现代政府是一种服务型政府。

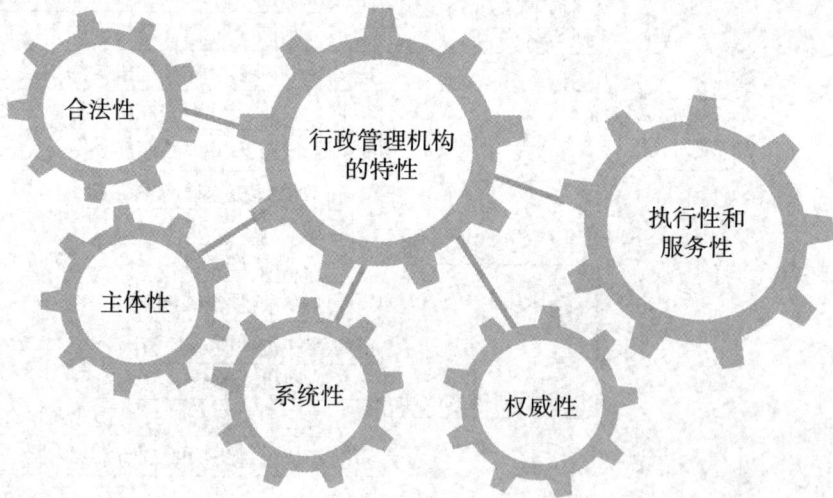

图5-1 行政管理机构的特性

▶ **知识解读**

本知识点的考查题型一般为选择题及简答题。

▶ **真题小练**

单选题

1.（2017 年 4 月全国）在行政关系中居于主动地位的是（　　　）

　　A. 公民　　　　　　　　　　　　B. 行政管理机构

　　C. 公务员　　　　　　　　　　　D. 社会组织

答案及解析：B。行政管理机构是行使行政权力的主体，是行政职能的主要载体，在行政关系中居于主动地位。

2.（2010 年 7 月全国）行政管理机构的首要特性是（　　　）

　　A. 系统性　　　　　B. 合理性　　　　　C. 合法性　　　　　D. 主体性

答案及解析：C。行政管理机构的首要特性是具有合法性。依法行政并对其活动承担法律责任是行政管理机构从事各项行政活动所遵循的首要原则。

▶ **小试牛刀**

单选题

行政职能的主要载体是（　　　）

　　A. 行政管理机构　　B. 行政技术　　　C. 行政执行　　　　D. 行政决策

答案及解析：A。行政管理机构是行使行政权力的主体，是行政职能的主要载体，在行政关系中居于主动地位。

简答题

简述行政管理机构的特性。

答案：

行政管理机构的特性为：合法性；主体性；系统性；权威性；执行性和服务性。

知识点 **2**

▶ **行政管理机构的作用**☆☆

　　行政管理机构的作用如下所述。

　　（1）执行和实施国家的法律、法规和政策。

　　（2）行使国家的行政权力，对公共事务进行管理。

　　（3）提供公共服务

▶ **知识解读**

　　本知识点的考查题型一般为简答题。

▶ **小试牛刀**

简答题

简述行政管理机构的作用。

答案：

（1）执行和实施国家的法律、法规和政策。

（2）行使国家的行政权力，对公共事务进行管理。

（3）提供公共服务

第二节　行政管理机构的组成方式及其类型

知识点 1

▶ **内阁制国家行政管理机构的组成方式** ☆☆

　　内阁制国家的最高行政机关是内阁，内阁由首相、政府各职能部门的部长组成，首相为政府首脑，领导内阁。实行内阁制的主要代表国家是英国。

▶ **知识解读**

　　本知识点的考查题型一般为选择题。

▶ **小试牛刀**

单选题

内阁制国家的最高行政机关是（　　　）

　　A. 总统　　　　　　　　B. 内阁　　　　　　　C. 主席　　　　　　　　D. 元首

答案及解析：B。内阁制国家的最高行政机关是内阁，内阁由首相、政府各职能部门的部长组成，首相为政府首脑，领导内阁。

> **名师解读** 内阁制的最高行政机关——内阁，英国是主要代表国家。

知识点 2

▶ **总统制国家行政管理机构的组成方式** ☆☆☆

　　（1）总统制类型国家的最高行政机关由总统、总统办公机构、政府各部门机构以及独立机构组成。总统既是国家元首，又是政府首脑，总统通过选举产生，其他成员由总统依照法律程序任命。总统领导下的整个行政机关并不对议会负责。实行总统制的主要代表国家是美国，如图5-2所示。

（2）在美国，其联邦政府由总统、副总统和各部部长组成。

（3）美国联邦政府包括总统办公机构、内阁和各部以及独立机构三类。其中的总统办事机构是白宫直属机构，是总统的助手和顾问班子。

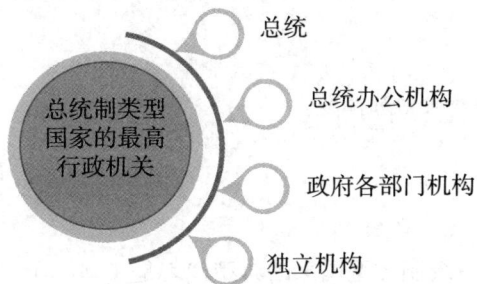

图 5-2 总统制国家行政管理机构的组成方式

📍 知识解读

本知识点的考查题型一般为选择题。

📍 小试牛刀

单选题

在国家行政管理机构的组成方式上，美国实行（ ）

A. 委员会制   B. 内阁制   C. 国务院制   D. 总统制

答案及解析：D。总统制类型国家的最高行政机关由总统、总统办公机构、政府各部门机构以及独立机构组成。总统既是国家元首，又是政府首脑。总统通过选举产生，其他成员由总统依照法律程序任命。总统领导下的整个行政机关并不对议会负责。实行总统制的主要代表国家是美国。

多选题

美国是典型的总统制国家，其最高行政机关的组成包括（ ）

A. 议会   B. 总统

C. 总统办公机构   D. 政府各部门机构

E. 独立机构

答案及解析：BCDE。美国的最高行政机关的组成包括总统、总统办公机构、政府各部门机构及独立机构。

知识点 **3**

▶ **半总统制国家行政管理机构的组成方式** ☆☆

（1）半总统制类型国家行政管理机构的产生方式兼有内阁制和总统制的特点，以法国的第五共和国最为典型。

（2）采用半总统制这种方式组成行政管理机构的国家主要是法国、芬兰、冰岛、葡萄牙等，20世纪90年代以来，俄罗斯和东欧一些国家也采用这种政府制度。

▶ **知识解读**

本知识点的考查题型一般为选择题。

▶ **真题小练**

单选题

1.（2009年7月全国）半总统制类型国家的典型代表是（　　）

　　A. 英国　　　　　　　　　　　　B. 德国

　　C. 法国　　　　　　　　　　　　D. 瑞士

答案及解析：C。半总统制类型国家行政管理机构的产生方式兼有内阁制和总统制的特点，以法国的第五共和国最为典型。

2.（2013年4月全国）在国家最高行政管理机构的组成方式中，法国第五共和国实行的是（　　）

　　A. 内阁制　　　　　　　　　　　B. 半总统制

　　C. 总统制　　　　　　　　　　　D. 委员会制

答案及解析：B。半总统制类型国家行政管理机构的产生方式兼有内阁制和总统制的特点，以法国的第五共和国最为典型。

▶ **小试牛刀**

多选题

实行半总统制的国家主要有（　　）

　　A. 法国　　　　　　　　　　　　B. 俄罗斯

　　C. 冰岛　　　　　　　　　　　　D. 葡萄牙

　　E. 芬兰

答案及解析：ABCDE。采用半总统制这种方式组成行政管理机构的国家主要是法国、芬兰、冰岛、葡萄牙等，20世纪90年代以来，俄罗斯和东欧一些国家也采用这种政府制度。

知识点 4

▶ **委员会制国家行政管理机构的组成方式** ☆☆

委员会制国家的行政机关是由议会选举产生的委员会，这种类型的主要代表国家是瑞士，瑞士是世界上唯一一个长期实行委员会制政府制度的国家。

▶ **知识解读**

本知识点的考查题型一般为选择题。

▶ **真题小练**

单选题

（2015年10月全国）长期实行委员会制政府制度的国家是（　　　）

　　A. 朝鲜　　　　　　　　　　　B. 瑞士

　　C. 冰岛　　　　　　　　　　　D. 瑞典

答案及解析：B。瑞士是世界上唯一一个长期实行委员会制政府制度的国家。

▶ **小试牛刀**

单选题

目前行政组织体制为委员会制的典型国家是（　　　）

　　A. 德国　　　　B. 意大利　　　　C. 匈牙利　　　　D. 瑞士

答案及解析：D。目前行政组织体制为委员会制的典型国家是瑞士。

知识点 5

▶ **国务院制国家行政管理机构的组成方式** ☆☆

我国的最高行政机关是中华人民共和国国务院，即中央政府，由全国人民代表大会产生，对其负责，受其监督。

▶ **知识解读**

本知识点的考查题型一般为选择题。

▶ **小试牛刀**

单选题

我国最高行政机关是（　　　）

　　A. 中共中央政治局　　　　　　B. 全国人民代表大会

　　C. 国务院　　　　　　　　　　D. 全国政协

答案及解析：C。我国的最高行政机关是中华人民共和国国务院，即中央政府，由全国人民代表大会产生，对其负责，受其监督。

知识点 6

▶ **根据行政管理机构的性质划分** ☆☆☆

根据行政管理机构的性质划分，行政管理机构包括以下几类。

1. 领导机构

领导机构是指在整个行政管理机构中对重大行政问题进行决策和在行政执行中从事指挥、监督等活动的机构，如我国的国务院。

2. 执行机构

执行机构是指在整个行政管理过程中主要从事相关法律和政策执行的机构，如财政部。

3. 监督机构

监督机构是指对各种行政管理活动进行监督检查的机构，如督察机构、审计机构等。

4. 咨询机构

咨询机构又称为参谋机构，它是为政府及有关部门提供咨询建议和出谋划策的机构，如各级政府的研究室、政府决策咨询委员会等。

5. 信息机构

信息机构是指政府中设立的专门负责信息的收集、加工、传递、储存，为领导机构和有关部门提供各种行政信息、沟通情况的信息服务机构，如统计局、档案局等。

6. 办事机构

办事机构是指为协助行政首长的领导工作而设置的综合性办事机构，既包括各级政府及其部门设立的办公厅或办公室，也包括为协助行政首长处理某一领域专门行政事务而设立的专门办事机构，前者如国务院办公厅、各省人民政府办公厅、财政部办公厅等，后者如国务院侨务办公室、台湾事务办公室等。

7. 派出机构

派出机构指国家有关行政管理机构依法在一定区域内设立的分支机构或代表机构，如中央政府的邮政、海关等机构在各地的分支机构，以及外交部在国外的使馆、领事馆，还有公安派出所等。

▶ **知识解读**

本知识点的考查题型一般为选择题。

▶ **真题小练**

单选题

1.（2010 年 7 月全国）国家有关行政管理机构依法在一定区域内设立的分支机构或代表机

构是（　　）

　　A. 信息机构　　　　　　　　　　　B. 咨询机构

　　C. 辅助机构　　　　　　　　　　　D. 派出机构

答案及解析：D。国家有关行政管理机构依法在一定区域内设立的分支机构或代表机构是派出机构。

2.（2015 年 10 月全国）各级政府的政策研究室属于（　　）

　　A. 信息机构　　　　　　　　　　　B. 监督机构

　　C. 咨询机构　　　　　　　　　　　D. 执行机构

答案及解析：C。咨询机构又称为参谋机构，它是为政府及有关部门提供咨询建议和出谋划策的机构，如各级政府的研究室、政府决策咨询委员会等，它对于实现行政决策的科学化、民主化发挥着重要作用。

▶ 小试牛刀

单选题

1. 下列属于行政管理监督机构的是（　　）

　　A. 民政部　　　　　　　　　　　　B. 审计署

　　C. 统计局　　　　　　　　　　　　D. 政策研究室

答案及解析：B。监督机构是指对各种行政管理活动进行监督检查的机构，如督察机构、审计机构等。

2. 下列行政管理机构中，属于信息机构的是（　　）

　　A. 审计局　　　　　　　　　　　　B. 国务院办公厅

　　C. 民政部　　　　　　　　　　　　D. 统计局

答案及解析：D。信息机构是指政府中设立的专门负责信息的收集、加工、传递、储存，为领导机构和有关部门提供各种行政信息、沟通情况的信息服务机构，如统计局、档案局等。

知识点 7

▶ **根据行政管理机构的职能划分** ☆

行政管理的职能机构依其行使职能的不同，又可进一步区分为三类机构。

　　1. 经济类行政管理机构

这类机构主要代表国家对社会经济进行宏观调控和管理。如国家发展和改革委员会就是这样的行政管理机构。

　　2. 社会类行政管理机构

这类机构主要进行社会文化生活等管理活动。这类行政管理机构往往包括民政、教育、卫生、体育、社会保障等部门。

3. 政治类行政管理机构

这类机构主要从事维护政治制度和管理政府内政、外交事务等活动，这类机构包括人事、国家安全、监察、司法、民族事务、国防、外交等部门。

▶ **知识解读**

本知识点的考查题型一般为选择题。

▶ **小试牛刀**

单选题

国家发展和改革委员会属于（　　　）

　　A. 政治类行政管理机构　　　　　　　　B. 社会类行政管理机构

　　C. 经济类行政管理机构　　　　　　　　D. 咨询类行政管理机构

答案及解析：C。经济类行政管理机构主要代表国家对社会经济进行宏观调控和管理。例如，国家发展和改革委员会就是这样的行政管理机构。

第三节　行政管理机构的设置

知识点 ①

▶ **行政管理机构设置的原则** ☆ ☆ ☆

行政管理机构设置是指行政管理机构的设立、变更、撤销和合并等的总称。行政管理机构设置原则表现在以下几个方面（见图 5-3）。

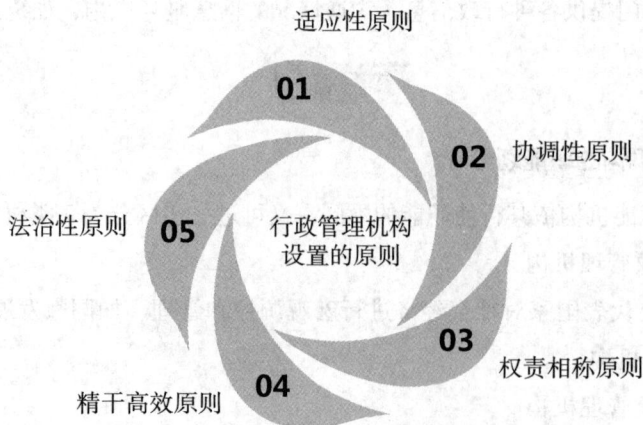

适应性原则
01
02 协调性原则
法治性原则 **05** 行政管理机构设置的原则
03 权责相称原则
精干高效原则 **04**

图 5-3　行政管理机构设置的原则

1. 适应性原则

根据社会政治、经济与文化的发展，适时而科学地设置、调整和改革行政管理机构，以适应社会向政府提出的要求，这是行政管理机构设置的最基本原则。

2. 协调性原则

行政管理机构是一个协调运转的系统。机构的结构合理、协调性高，则系统的整体功能大于部分之和；机构的结构不合理，则系统的整体功能小于部分之和。

3. 权责相称原则

依法明确规定各个行政管理机构的职责范围，授予其相应的行政权力，规定其对上级和下级应承担的责任，建立和完善权责一致的行政体系。行政管理机构是各法定职位的集合。职位是因工作需要而设置的工作岗位，是职权与职责的统一。

4. 精干高效原则

追求行政管理高效率是由行政管理机构自身的性质所决定的。行政机关作为国家权力机关的执行机关，就是要高效率地执行宪法、法律和行政法规，追求行政管理高效率。在设置行政组织时要尽可能使机构精干、运转协调，以提高行政管理机构的整体效能。

5. 法治性原则

行政管理机构设置的法治性原则包括四方面内容。

（1）行政管理机构的设置及其体制要有法律上的根据和保障。

（2）行政管理机构的权责都必须由法律赋予。

（3）行政管理机构的权力由法律予以必要的限制。

（4）对于行政管理机构的职责范围也应由法律或法规性文件加以明确界定。

▶ **知识解读**

本知识点的考查题型一般为选择题及简答题。

▶ **真题小练**

单选题

（2010年4月全国）行政管理机构设置的最基本原则是（　　　）

A. 适应性原则　　　　　　　　　　　B. 协调性原则

C. 法制性原则　　　　　　　　　　　D. 精干高效原则

答案及解析：A。适应性原则：根据社会政治、经济与文化的发展，适时而科学地设置、调整和改革行政管理机构，以适应社会向政府提出的要求，这是行政管理机构设置的最基本原则。

多选题

（2014年10月全国）设置行政管理机构时应遵循的基本原则有（　　　）

A. 适应性原则   B. 协调性原则

C. 权责相称原则   D. 精干高效原则

E. 法治性原则

答案及解析：ABCDE。在设置行政管理机构时应该遵循以下基本原则：适应性原则；协调性原则；权责相称原则；精干高效原则；法治性原则。

▶ 小试牛刀

简答题

简述行政管理机构设置的原则。

答案：设置行政管理机构时应遵循的原则为：适应性原则；协调性原则；权责相称原则；精干高效原则；法治性原则。

知识点 **2**

▶ **行政管理机构设置的程序**☆ ☆

行政管理机构设置程序是指依法设置行政管理机构的方法和步骤，如图 5-4 所示。

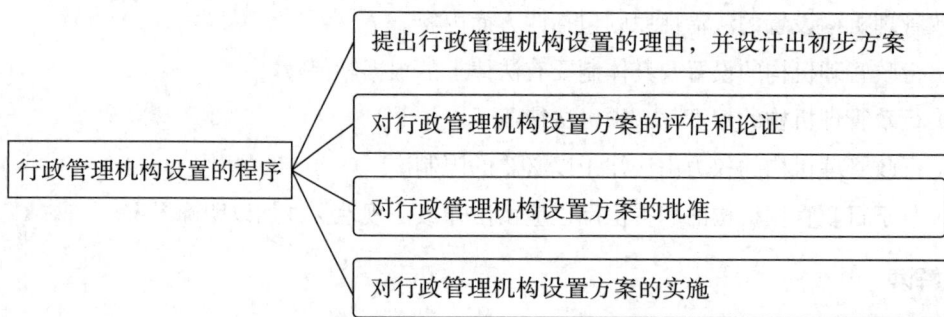

图 5-4　行政管理机构设置的程序

▶ **知识解读**

本知识点的考查题型一般为文字题。

▶ **小试牛刀**

简答题

简述行政管理机构设置的程序。

答案：

行政管理机构设置的程序如下所述。

（1）提出行政管理机构设置的理由，并设计出初步方案。

（2）对行政管理机构设置方案的评估和论证。

（3）对行政管理机构设置方案的批准。

（4）对行政管理机构设置方案的实施。

知识点 3

▶ **行政编制管理机构** ☆ ☆

　　行政编制管理机构是指国家行政管理体系中依法管理各类行政管理机构编制的部门，是行政编制管理的主体。

　　我国中央一级主管行政编制的机构是中华人民共和国中央机构编制委员会。它的任务是制定国家行政管理机构的总方案，协调国务院下属各机构和部门的权力和任务，制定省、自治区、直辖市的机构设置和人员编制，监督各省、自治区、直辖市等的编制委员会的工作，等等。各省、自治区、直辖市及其下属县以上地方政府设有机构编制委员会。各级机构编制委员会，下面均设有常设办事机构——机构编制委员会办公室，在机构编制委员会领导下，负责本级行政区域的行政管理体制和机构改革以及机构编制日常管理工作，它既是政府的工作机构，也是党委的工作机构。

▶ **知识解读**

　　本知识点的考查题型一般为选择题。

▶ **小试牛刀**

单选题

我国中央一级主管行政编制的机构是中华人民共和国（　　　）

　　A. 中央机构编制委员会　　　　　　B. 国务院

　　C. 中央组织部　　　　　　　　　　D. 财政部

答案及解析：A。我国中央一级主管行政编制的机构是中华人民共和国中央机构编制委员会。

知识点 4

▶ **行政编制管理的内容** ☆ ☆

　　1. 行政编制管理的概念

　　行政编制管理是指对行政管理机构的机构设置、人员数量以及人员结构的管理。

　　2. 行政编制管理的特点（见图5-5）

　　（1）集中程度高。

　　（2）综合性强。

　　（3）它是一种经常性和长期性的工作，

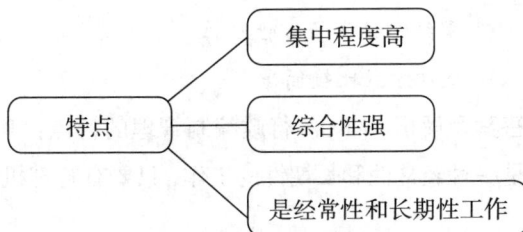

图 5-5　行政编制管理的特点

81

只要有管理机关和单位、组织的存在，编制管理就不能停止。

3. 行政编制管理的主要内容（见图5-6）

（1）职能管理。

（2）机构管理。

（3）人员编制管理。这是行政编制管理中最大量、最经常的工作。

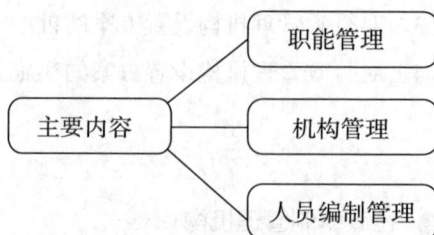

```
                              ┌──────────┐
                              │ 职能管理  │
                              └──────────┘
              ┌──────────┐    ┌──────────┐
              │ 主要内容  │────│ 机构管理  │
              └──────────┘    └──────────┘
                              ┌────────────┐
                              │ 人员编制管理 │
                              └────────────┘
```

图5-6　行政编制管理的主要内容

▶ **知识解读**

本知识点的考查题型一般为选择题。

▶ **真题小练**

单选题

（2011年7月全国）行政编制管理中最大量、最经常的工作是（　　）

　A. 职能管理　　　　　　　　　　B. 机构管理

　C. 人员编制管理　　　　　　　　D. 财务管理

答案及解析：C。人员编制管理是指对行政管理机构内部人员数量、结构、领导职数、员工数额等的确定及其管理，这是行政编制管理中最大量、最经常的工作。

多选题

（2014年7月全国）行政编制管理的主要内容包括（　　）

　A. 职能管理　　　　　　　　　　B. 后勤管理

　C. 机构管理　　　　　　　　　　D. 人员编制管理

　E. 财务管理

答案及解析：ACD。行政编制管理的主要内容包括职能管理、机构管理、人员编制管理。

▶ **小试牛刀**

多选题

行政编制管理的特点有（　　）

　A. 集中程度高　　　　　　　　　B. 综合性强

　C. 是经常性和长期性工作　　　　D. 分散程度高

　E. 操作方式比较简单

答案及解析：ABC。行政编制管理的特点：第一，集中程度高；第二，综合性强；第三，它是一种经常性和长期性的工作，只要有管理机关和单位、组织的存在，编制管理就不能停止。

第四节 行政管理机构改革

知识点 1

▶ 行政管理机构改革的原因 ☆☆☆

1. 行政管理机构改革

行政管理机构改革是指对已经不能适应或阻碍社会发展的原有机构进行变革的活动。

2. 行政管理机构改革的主要外部因素

（1）经济体制转变会导致行政管理机构的变革。

（2）政治制度的转变和更迭导致行政管理机构的变革。

（3）社会发展程度也影响到行政管理机构的变革。

（4）国际环境的转变也会激发行政管理机构的变革。

3. 行政管理机构改革的主要内部因素

（1）机构的过度膨胀。

（2）人员素质不高、弱化。

▶ 知识解读

本知识点的考查题型一般为选择题及简答题。

▶ 真题小练

多选题

（2011年7月全国）影响行政机构改革的外部因素主要有（　　　　）

A. 经济体制转变　　　　　　　　B. 政治制度转变

C. 社会发展程度　　　　　　　　D. 国际环境转变

E. 行政人员冗余

答案及解析：ABCD。影响行政机构改革的外部因素主要有经济体制转变、政治制度的转变和更迭、社会发展程度、国际环境的转变。

▶ 小试牛刀

简答题

简述行政管理机构改革的主要外部原因。

答案：

行政管理机构改革的主要外部原因如下所述。

（1）经济体制转变会导致行政管理机构的变革。

（2）政治制度的转变和更迭导致行政管理机构的变革。

（3）社会发展程度也影响到行政管理机构的改革。

（4）国际环境的转变也会激发行政管理机构的变革。

知识点 **2**

▶ **行政管理机构改革的基本目标** ☆☆

1．共同目标

精干、高效、廉洁是各国行政管理改革的共同目标。

2．现阶段我国行政管理机构改革的基本目标

（1）合理配置宏观管理部门职能。

（2）整合分散于不同部门的职责。

（3）精干设置各级政府部门及其内设机构。

▶ **知识解读**

本知识点的考查题型一般为文字题。

▶ **小试牛刀**

简答题

简述现阶段我国行政管理机构改革的基本目标。

答案：

（1）合理配置宏观管理部门职能。

（2）整合分散于不同部门的职责。

（3）精干设置各级政府部门及其内设机构。

知识点 **3**

▶ **西方发达国家行政管理机构改革的主要内容** ☆☆☆

当代西方发达国家行政管理机构改革的共同趋势和特点表现在五个方面。

（1）从"大政府"向"小政府"转变。

（2）行政管理机构内部的决策与执行职能及机构分离。

（3）行政管理机构的分权化。

（4）强化综合协调行政管理机构及其职能。

（5）行政管理机构设置的弹性化。

▶ **知识解读**

本知识点的考查题型一般为简答题。

▶▶ **真题小练**

简答题

（2010 年 4 月全国）简述西方发达国家行政机构改革的主要内容。

答案：

西方发达国家行政管理机构改革的主要内容如下所述。

（1）从"大政府"向"小政府"转变。

（2）行政管理机构内部的决策与执行职能及机构分离。

（3）行政管理机构的分权化。

（4）强化综合协调行政管理机构及其职能。

（5）行政管理机构设置的弹性化。

▶▶ **小试牛刀**

简答题

简述当代西方发达国家行政机构改革的共同趋势和特点。

答案：

当代西方发达国家行政机构改革的共同趋势和特点表现在五个方面。

（1）从"大政府"向"小政府"转变。

（2）行政管理机构内部的决策与执行职能及机构分离。

（3）行政管理机构的分权化。

（4）强化综合协调行政管理机构及其职能。

（5）行政管理机构设置的弹性化。

知识点 ④

▶▶ **我国行政管理机构改革的基本经验** ☆☆

（1）坚持党对机构改革的全面领导。

（2）坚持不立不破，先立后破。

（3）坚持推动机构职能优化协同高效。

（4）坚持中央和地方一盘棋。

（5）坚持改革与法治相统一、相协调。

（6）坚持把思想政治工作贯穿改革全过程。

▶▶ **知识解读**

本知识点的考查题型一般为简答题。

▶ **小试牛刀**

简答题

简述我国行政管理机构改革的基本经验。

答案:

（1）坚持党对机构改革的全面领导。

（2）坚持不立不破，先立后破。

（3）坚持推动机构职能优化协同高效。

（4）坚持中央和地方一盘棋。

（5）坚持改革与法治相统一、相协调。

（6）坚持把思想政治工作贯穿改革全过程。

第六章　行政管理事务

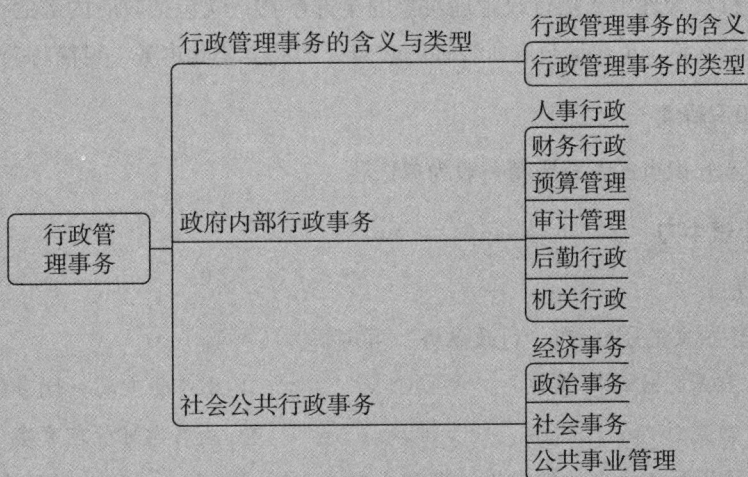

行政管理事务　┬　行政管理事务的含义与类型　┬　行政管理事务的含义
　　　　　　　　│　　　　　　　　　　　　　　　└　行政管理事务的类型
　　　　　　　　│
　　　　　　　　├　政府内部行政事务　┬　人事行政
　　　　　　　　│　　　　　　　　　　├　财务行政
　　　　　　　　│　　　　　　　　　　├　预算管理
　　　　　　　　│　　　　　　　　　　├　审计管理
　　　　　　　　│　　　　　　　　　　├　后勤行政
　　　　　　　　│　　　　　　　　　　└　机关行政
　　　　　　　　│
　　　　　　　　└　社会公共行政事务　┬　经济事务
　　　　　　　　　　　　　　　　　　　├　政治事务
　　　　　　　　　　　　　　　　　　　├　社会事务
　　　　　　　　　　　　　　　　　　　└　公共事业管理

第一节 行政管理事务的含义与类型

知识点 **1**

▶ **行政管理事务的含义** ☆

1. 狭义的"行政事务"

政府的内部管理事务，包括政府内部的人事管理事务、财政管理事务、机关管理事务、物资设备及其他后勤管理事务等。

2. 广义的"行政事务"

政府所管理的一切事物，既包括政府内部行政事务，也包括政府所管理的公共事务，以及政府为社会提供的一切公共服务。

3. 行政管理事务

行政管理事务指行政管理对象的全部事物，既包括政府内部的行政管理事务，即狭义的行政事务，也包括政府所管理的政府外的社会公共事务，可简称公共事务。

▶ **知识解读**

本知识点的考查题型一般为单选题。

▶ **小试牛刀**

单选题

从比较狭义的层面看，"行政事务"可理解为（　　　）

  A. 就是行政人事事务　　　　　　　　B. 政府管理的一切事务

  C. 政府外部管理事务　　　　　　　　D. 政府内部管理事务

答案及解析：D。在比较狭义的理解中，人们往往把"行政事务"理解为政府的内部管理事务，包括政府内部的人事管理事务、财政管理事务、机关管理事务、物资设备及其他后勤管理事务等。

知识点 **2**

▶ **行政管理事务的类型** ☆☆

1. 行政管理事务按不同的标准有不同的分类方法（见图 6-1）

（1）按行政管理事务所属的层级划分，行政管理事务可分为高层行政管理事务、中层行政管理事务和基层行政管理事务。

（2）按行政管理事务的性质划分，其可分为宏观行政管理事务和微观行政管理事务。

（3）按行政管理事务同政府的关系划分，行政管理事务又可分为政府内部行政管理事务和政府外部社会公共行政事务。

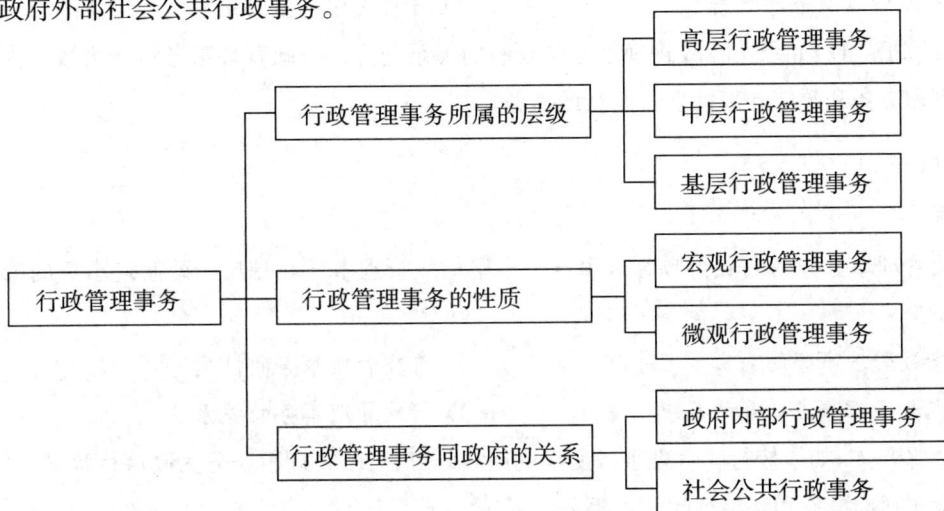

图 6-1　行政管理事务的分类

本知识点重点介绍政府内部行政管理事务和社会公共行政管理事务。

2. 政府内部行政管理事务

政府内部行政管理事务，指作为行政机关的政府为了有效地管理社会公共事务而维持自身组织活动所从事的所有管理事务。

（1）政府内部行政事务属于政府自身的管理事务，或者说是政府内部的管理事务。

（2）政府内部行政事务是为社会公共行政管理事务服务的。

（3）政府内部行政事务处理得当与否，是决定政府行政管理是否有效的一个因素。

3. 社会公共行政管理事务

社会公共行政事务，是指作为政府行政管理对象的、与社会公众生活密切相关的、涉及公共产品生产和公共服务提供的、与私人事务相对应的各种社会公共事务。

（1）社会公共行政事务是作为政府行政管理对象的社会公共事务。

（2）社会公共行政事务是需要政府处理并被政府纳入行政管理对象范围的事务。

（3）社会公共行政事务处理得当与否，是衡量政府行政管理是否有效的一个重要标志。

▶ **知识解读**

本知识点的考查题型一般为单选题。

▶ **真题小练**

单选题

（2014年10月全国）将行政管理事务划分为政府内部行政管理事务和政府外部社会公共行政管理事务的依据是（　　）

　A.行政管理事务与政府的关系　　　　B.行政管理事务所属的层级

C.行政管理事务的性质　　　　　　　D.行政管理事务的内容

答案及解析：A。如果按行政管理事务同政府的关系划分，行政管理事务可分为政府内部的行政管理事务和政府外部社会公共行政事务。

▶ **小试牛刀**

单选题

将行政管理事务分为高层行政管理事务、中层行政管理事务和基层行政管理事务的依据是（　　　）

　　A.行政管理事务的内容　　　　　　B.行政管理事务的性质

　　C.行政管理事务所属的层级　　　　D.行政管理事务的关系

答案及解析：C。如果按行政管理事务所属的层级划分，行政管理事务分为高层行政管理事务、中层行政管理事务和基层行政管理事务。

第二节　政府内部行政事务

知识点 1

▶ **人事行政**☆☆☆

1.人事行政的广义与狭义之分

人事行政有广义和狭义之分。广义的人事行政，是指政府人事行政机关依法对国家机关、国有企事业单位的人事工作所进行的综合性管理活动，它包括对各类行政人员、专业技术人员以及机构编制工作进行管理；而狭义的人事行政，是指各级政府的人事部门通过一系列的法规、制度和措施对政府公务员所实施的管理活动，它包括对公务员的录用、考核、培训、交流、回避、工资、福利、保险等进行管理。这里所讲的人事行政是指狭义上的人事行政工作的总和。

2.我国国家公务员制度

国家公务员制度的四个方面如下所述。

（1）职位分类制度。一般来说，人事分类制度有两种基本类型：一种是品位分类，即以人为对象进行分类的一种分类制度，其分类依据是公务员个人所具备的条件和身份。另外一种就是职位分类，即以职位为对象进行分类的一种分类制度，其分类的依据是职位的工作性质、难易程度、责任轻重及所需资格条件。我国公务员的分类制度是一种以职位分类为主、兼具品位分类的分类制度。

（2）新陈代谢制度。这是指有关公务员考试录用、调任、辞职、辞退、退休等一系列制度的总和。

（3）激励约束制度。这是指有关公务员的考核、奖励、惩戒、职务升降、交流、回避等一系列制度的总和。

（4）职业发展和保障制度。这是有关公务员的培训、工资、保险、福利等一系列制度的总和。

▶ **知识解读**

本知识点的考查题型一般为选择题。

▶ **真题小练**

单选题

（2013年4月全国）依据职位的工作性质、难易程度、责任轻重及所需资格条件而进行的人事分类是（　　　）

　　A. 职位分类　　　　　　　　　B. 品位分类

　　C. 职能分类　　　　　　　　　D. 职级分类

答案及解析：A。职位分类制度是人事分类制度的类型之一。一般来说，人事分类制度有两种基本类型：一种是品位分类，即以人为对象进行分类的一种分类制度，其分类的依据是公务员个人所具备的条件和身份。另外一种就是职位分类，即以职位为对象进行分类的一种分类制度，其分类的依据是职位的工作性质、难易程度、责任轻重及所需资格条件。我国公务员的分类制度是一种以职位分类为主、兼具品位分类的分类制度。

▶ **小试牛刀**

多选题

1. 国家公务员制度主要包括（　　　）

　　A. 新陈代谢制度　　　　　　　B. 职位分类制度

　　C. 激励约束制度　　　　　　　D. 生活制度

　　E. 职业发展和保障制度

答案及解析：ABCE。国家公务员制度的基本制度可以概括为四个方面：职位分类制度、新陈代谢制度、激励约束制度、职业发展和保障制度。

2. 职位分类的主要依据包括（　　　）

　　A. 职位的社会地位　　　　　　B. 职位的工作性质

　　C. 职位的难易程度　　　　　　D. 职位的责任轻重

　　E. 职位所需的资格条件

答案及解析：BCDE。职位分类的主要依据包括职位的工作性质、职位的难易程度、职位的责任轻重和职位所需的资格条件。

3. 公务员新陈代谢制度包括（　　　）

A. 退休制度　　　　　　　　　　　　B. 录用制度

C. 辞职制度　　　　　　　　　　　　D. 调任制度

E. 培训制度

答案及解析：ABCD。公务员新陈代谢制度是指有关公务员考试录用、调任、辞职、辞退、退休等一系列制度的总和。

知识点 ②

▶ **财务行政☆**

（1）财务行政是政府、管理者等行政主体对政府行政管理或单位微观管理中的资金收支的管理活动，是行政主体行使与法定的事权相配套的财权，规范和监督资金的收入、保存和支出，支持和保障财务管理各项职能的运行，从而实现行政管理目标的过程。

（2）财务行政主要包括预算管理、会计管理、审计管理等内容。

▶ **知识解读**

本知识点的考查题型一般为选择题。

▶ **小试牛刀**

多选题

财务行政的主要内容包括（　　　）

A. 预算管理　　　　　　　　　　　　B. 会议管理

C. 机构管理　　　　　　　　　　　　D. 会计管理

E. 审计管理

答案及解析：ADE。财务行政的主要内容包括预算管理、会计管理、审计管理等。

知识点 ③

▶ **预算管理☆☆☆**

1. 预算

预算是指各级政府的财政收支计划，是各级代议机构通过的有法律效力或权威性的文件，是政府调节经济的主要工具。预算管理是指政府及其财政管理部门对财政收入计划的编制、审查、执行和核算等行使职能的过程。预算管理实质上是一种政治性的行政活动。

2. 预算管理的程序和内容

（1）预算编制：按照量入为出、确保重点、统筹兼顾、留有后备、积极可靠、稳定增长、综合平衡、正确处理积累和消费的原则编制预算方案并经权力机关审议通过的过程。

（2）预算执行：这是整个预算工作的中心环节，具体包括财政收入解缴、支出拨付以及预算调整等执行环节。

（3）决算管理：这是整个预算程序的总结和终结，是指按照法定程序编制的，用以反映预算执行结果的会计报告。决算反映预算收支的最终结果，是政府的经济活动在财政上的集中体现。

▶ **知识解读**

本知识点的考查题型一般为选择题。

▶ **真题小练**

单选题

1.（2016年10月全国）政府预算工作的中心环节是（　　）

　　A.预算编制　　　　　　　　　　B.预算执行

　　C.决算管理　　　　　　　　　　D.预算外资金管理

答案及解析：B。政府预算工作的中心环节是预算执行。

2.（2016年4月全国）政府及其财政管理部门对财政收入计划的编制、审查、执行和核算等行使职能的过程叫（　　）

　　A.统计管理　　　　　　　　　　B.审计管理

　　C.会计管理　　　　　　　　　　D.预算管理

答案及解析：D。预算管理是指政府及其财政管理部门对财政收入计划的编制、审查、执行和核算等行使职能的过程。

3.（2010年4月全国）预算管理实质上是一种（　　）

　　A.技术性的管理活动

　　B.政治性的行政活动

　　C.经济性的分配活动

　　D.经济性的技术活动

答案及解析：B。预算管理实质上是一种政治性的行政活动。

4.（2007年7月全国）各级政府的财政收支计划和调节经济的主要工具是（　　）

　　A.司法审查　　　　　　　　　　B.预算

　　C.政府采购　　　　　　　　　　D.市场调节

答案及解析：B。预算是指各级政府的财政收支计划，是各级代议机构通过的有法律效力或权威性的文件，是政府调节经济的主要工具。

▶ **小试牛刀**

多选题

预算管理的基本程序和内容包括（　　　）

A. 预算编制   B. 预算执行

C. 审计管理   D. 决算管理

E. 会计管理

答案及解析：ABD。预算管理的基本程序和内容包括预算编制、预算执行、决算管理。

知识点 4

▶ **审计管理**☆

审计是审计机关依法独立检查被审计单位的会计凭证、会计账簿、会计报表以及其他与财务收支有关的资料和资产，监督财政收支真实、合法和有效的行为。

根据《中华人民共和国预算法》和国家其他有关规定，审计对象包括：纳入预算管理的国有金融机构、企事业单位以及国家规定应当接受审计监督的其他有关单位。

审计工作的内容主要有：①预算审计；②预算外审计；③金融审计；④国有资产审计；⑤基本建设审计；⑥社会保障审计；⑦事业审计。

▶ **知识解读**

本知识点的考查题型一般为选择题。

▶ **小试牛刀**

多选题

审计工作的内容包括（　　　）

A. 预算审计   B. 预算外审计

C. 金融审计   D. 基本建设审计

E. 事业审计

答案及解析：ABCDE。审计工作的内容主要有：①预算审计；②预算外审计；③金融审计；④国有资产审计；⑤基本建设审计；⑥社会保障审计；⑦事业审计。

知识点 5

▶ **后勤行政**☆☆☆

后勤行政是指为合理组织和安排财力、物力资源，为机关工作提供必要和充分的物质保障和生活服务的一系列管理事务。后勤行政主要包括物资管理、生活后勤管理、机关环境管理、接待工作管理（如图6-2所示）。

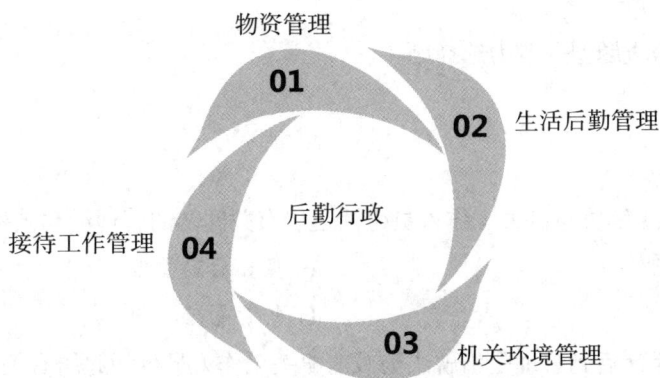

图6-2　后勤行政的内容

1. 物资管理

物资管理的对象是各类物资设备，其种类很多，为便于管理，通常分为固定资产、材料和低值易耗品三大类。物资管理的主要内容如下所述。

（1）日常管理。包括计划、采购、验收、登记、检查、评估等方面。

（2）使用与维护管理。机关里各类物资设备，不但要管好，还要用好，管好是为了用好。

（3）检查与检修管理。物资设备会因长期使用而造成损坏，要使其功能得到恢复，就需要定期的检查和及时的维修，并形成对应的档案文件。

（4）物资设备的改造与更新。物资设备的改造，是将科技的新成果应用于现有设备，从而提高设备的现代化水平；物资设备的更新则是淘汰陈旧的设备，以崭新的设备替代原有设备。

2. 生活后勤管理

生活后勤管理是指解决与政府机关工作人员生活起居有关问题的管理活动，其目的是保证政府机关正常运转。

3. 机关环境管理

机关环境管理亦称机关庭院管理，是后勤行政的一项日常性工作。机关环境卫生和绿化工作是机关环境管理的主要内容，伴随着政府采购范围的扩大化，机关环境管理也出现了外包制、购买制等适应市场机制的新的管理形式。

4. 接待工作管理

作为机关事务的接待工作通常作狭义理解，即指行政机关后勤管理部门对来机关办事的人员提供生活方面的接待服务，包括对内、外宾的接待服务，机关招待所的接待服务和会议接待服务等。

▶ **知识解读**

本知识点的考查题型一般为选择题。

▶ **真题小练**

单选题

（2009 年 7 月全国）解决与机关工作人员生活起居有关问题的管理活动被称为（　　）

　　A. 机关环境管理　　　　　　　　B. 服务后勤管理

　　C. 生活后勤管理　　　　　　　　D. 物资管理

答案及解析：C。生活后勤管理是指解决与政府机关工作人员生活起居有关问题的管理活动，其目的是保证政府机关正常运转。

▶ **小试牛刀**

单选题

机关环境管理又称为（　　）

　　A. 机关服务后勤管理　　　　　　B. 机关庭院管理

　　C. 生活后勤管理　　　　　　　　D. 机关物质管理

答案及解析：B。机关环境管理亦称机关庭院管理，是后勤行政的一项日常性工作。

多选题

后勤行政主要包括（　　）

　　A. 物资管理　　　　　　　　　　B. 生活后勤管理

　　C. 机关环境管理　　　　　　　　D. 公文管理

　　E. 接待工作管理

答案及解析：ABCE。后勤行政主要包括物资管理、生活后勤管理、机关环境管理、接待工作管理。公文管理属于机关行政的内容。

知识点 6

▶ **机关行政** ☆☆☆

机关行政是指为机关的行政职能的有效发挥提供保障的活动，主要是对机关内部行政事务的构成要素及流程进行规划、组织、监督、控制、协调等一系列活动。机关行政管理事务属于日常性、技术性的管理事务，其主要内容包括会议管理、公文管理、档案管理与信息管理、保密管理、信访工作等，如图 6-3 所示。

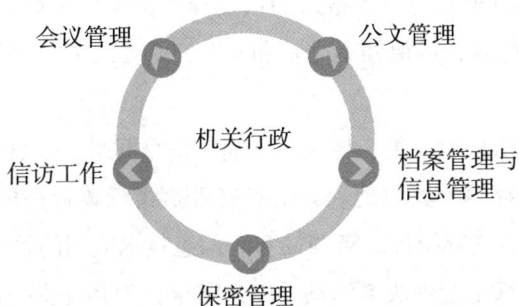

图 6-3 机关行政的主要内容

1. 会议管理

会议是行政管理机构通过集会的形式交流信息、讨论问题和传达指令的一种管理形式。

会议管理的内容主要有：①会议内容，参加人员及时间地点的安排；②现场会议室的确定；③相关设备（如投影仪等）、文件的准备；④现场会议签到；⑤现场茶水准备；⑥交通及路线的安排；⑦会议用餐及住宿安排；⑧会议资料整理；⑨会议质量控制。

会议质量是指会议效果的优劣程度，会议质量控制是会议管理的核心内容。

2. 公文管理

公文管理，是对公文的创造、处置和管理，即在公文从形成、运转、办理、传递、存贮到转为档案或销毁的一个完整周期中，以特定的方法和原则对公文进行创制加工、保管料理，使其完善并获得功效的行为过程。

其具体内容主要有：创制公文、传递公文、办理公文、处置公文、管理公文等。

3. 档案工作与信息管理

（1）档案工作。

档案管理就是对正式的、与机关相关的档案进行搜集、整理、分类、归档、查询等工作的管理。通常机关为档案工作配备有专门的管理人员或兼职人员，并制定相应的管理规章制度，也称为档案管理制度。

在我国，现行的档案管理制度是"统一领导，分级管理"。这种管理制度的特征如下所述。

①从中央到地方都设立了相应的档案行政管理部门（档案局）统一领导，分级管理档案工作。

②全国各级各类机关工作均受各级档案行政管理部门的统一指导、监督和检查。

③在统一领导、统一制度的前提下，对具体的档案工作管理分级、分类、分专业进行，实行条块结合，形成国家—地方—专业系统。

④集体和个人所有的对国家和社会具有保存价值的或应当保密的档案，由其所有者保

管，但在保管条件恶劣或由于其他原因被认为可能导致档案严重损毁和不安全时，国家档案行政管理部门有权代为保管，确保档案完整和安全，必要时可采取收购或征购方式。

（2）信息管理。

信息管理，主要包括信息的收集、传递、反馈、信息网络、信息加工（含信息的甄选、整理、编写等）和信息储存等。具体地说，信息管理是指行政管理机构进行调查研究、情况收集与反映、简报编写、资料统计、新闻发布、信息技术应用的管理过程。

信息管理的目标就是满足管理决策活动的信息需求，为其提供高效、优质的信息支持。信息管理的主要内容包括：①确立组织保障，建立信息工作机构；②制定信息管理标准和计划，并组织和监督实施；③规划信息网络，并组织和监督其运行；④对数据库、信息库的建设进行规划，确立其构成规则、运行和使用规则，最大限度地实现信息资源的共享；⑤进行检查评比和督导，建立和完善信息管理规范，总结推广经验，指导下级机关的信息管理工作。

4. 保密管理

保密管理是对政府内部的各种密级的文件、资料进行的管理。

行政机关保密范围，一般包括文电保密、会议保密、印信保密、通信保密、各类情况保密、高层领导活动保密等内容。

保密管理的主要措施有：一是建立和健全保密制度，加强对机密文件、图纸、资料、照片、档案、信函的管理工作，以确保机密的安全；二是坚持保密原则，保证知密不失密，不在公共场合探究机密，不带机密文件或信息出入公共场所；三是建立健全收发文制度，机关内部应设立专人负责文件登记、管理和清退工作，一旦发现泄密，及时追查，减少损失；四是建立健全机房管理制度，设立专人负责机房应用管理和信息存储，涉密信息应采取加密技术加密，降低泄密的可能性。

5. 信访工作

信访工作是指相关部门对群众的来信、来访进行受理、处理和查办的管理过程。

信访工作是党和各级政府机关密切联系人民群众的重要渠道，是各级党政机关、单位的经常性工作。

信访工作的主要内容包括：①受理、交办、转送信访人提出的信访事项；②承办上级和本级人民政府交由处理的信访事项；③协调处理重要信访事项；④督促检查信访事项的处理；⑤研究、分析信访情况，开展调查研究，及时向本级人民政府提出完善政策和改进工作的建议；⑥对本级人民政府其他工作部门和下级人民政府信访工作机构的信访工作进行指导。

▶ 知识解读

本知识点的考查题型一般为选择题。

▶ **真题小练**

单选题

1.（2014 年 10 月全国）会议管理的核心内容是（　　　）

    A. 会议信息交流　　　　　　　　　　B. 会议审批制度

    C. 会议质量控制　　　　　　　　　　D. 会议内容管理

答案及解析：C。会议质量控制是会议管理的核心内容。

2.（2012 年 4 月全国）在我国，现行的档案管理制度是（　　　）

    A. 分级管理，单位自治　　　　　　　B. 统一管理，市场化运作

    C. 统一领导，分级管理　　　　　　　D. 单位自治，分类管理

答案及解析：C。现行的机关档案管理制度是统一领导，分级管理。

▶ **小试牛刀**

单选题

为机关行政职能有效发挥提供保障的活动被称为（　　　）

    A. 机关行政　　　　　　　　　　　　B. 后勤行政

    C. 政治行政　　　　　　　　　　　　D. 经济行政

答案及解析：A。机关行政是指为机关的行政职能的有效发挥提供保障的活动。

多选题

行政机关保密范围一般包括（　　　）

    A. 会议保密　　　　　　　　　　　　B. 印信保密

    C. 文电保密　　　　　　　　　　　　D. 高层领导活动保密

    E. 通信保密

答案及解析：ABCDE。行政机关保密范围一般包括会议保密、印信保密、文电保密、通信保密、各类情况保密、高层领导活动保密等内容。

第三节　社会公共行政事务

知识点 **1**

▶ **经济事务** ☆☆

    经济事务可分为私人经济事务和公共经济事务两大领域，与企业管理关注私人经济事务不同，行政管理关注的是公共经济事务，特别是公共经济领域中的资源配置和收入分配问题。

政府经济事务属于公共经济事务，狭义而言，主要指对公共经济资源的配置、运营和监督管理；广义而言，除对公共经济资源的配置、运营和监督管理外，还应包括政府对整个社会的宏观经济管理和市场监督管理。

1. 宏观经济管理

经济运行按其主体和层次的不同可以分为微观经济与宏观经济。

宏观经济管理就是政府对整个国民经济进行的全局性的和综合性的管理。

宏观经济管理的手段是宏观经济调控，一般而言，宏观经济调控大致包括三个方面的内容：总量调控、结构调控和规范性调控。

从政府的角度来看，宏观经济管理主要有三个方面：一是制定相应的宏观经济调控政策或法规，如货币政策、财政政策、产业政策、消费政策等，以作为宏观经济调控的手段；二是执行国家权力机关制定的有关宏观经济调控的法律和相关决议，促使宏观经济调控目标的实现；三是在必要的时候直接通过行政干预，来达到对经济进行宏观调控的目的，如直接对银行货币总量和信贷规模进行控制等。

2. 财政金融管理

财政和金融是宏观调控的两种基本政策工具。

（1）公共财政。

现代财政本质上是公共财政。公共财政（Public Finance）是指国家（政府）集中一部分社会资源，用于为市场提供公共物品和服务，满足社会公共需要的分配活动或经济行为。

它的主要目标是满足社会公共需要，弥补"市场失效"缺陷。

公共财政的主要内容包括公共收入和公共支出两个方面。

公共收入。从本质上来讲，公共收入就是财政收入，也叫政府收入，是政府为履行其职能而筹集的一切资金的总和。

公共收入主要有以下两个方面：税收收入和非税收入。

税收是指国家为了向社会提供公共产品、满足社会共同需要、按照法律的规定，参与社会产品的分配、强制、无偿取得财政收入的一种规范形式。

非税收入主要有以下几种形式：①债务收入；②国有资产收益；③政府费收入；④其他收入形式。

公共支出。一般而言，公共支出或公共财政支出，是指国家财政将筹集起来的资金进行分配使用，以满足人民生活、经济建设和各项社会事业发展需要的公共经济行为。

公共财政支出形式按与市场的关系可分为两种类型：购买性支出和转移性支出。

我国公共支出的主要内容包括：①基本建设支出；②企业挖潜改造资金；③地质勘探费用；④科技三项费用；⑤支援农村生产支出；⑥农林、水利、气象等部门的事业费用；⑦工业、交通、商业等部门的事业费；⑧文教、科学、卫生事业费；⑨抚恤和社会福利救济费；⑩国防支出；⑪行政管理费；⑫价格补贴支出。

（2）金融管理。

政府金融管理首要的事务是做好货币发行与管理工作。

政府的金融行政事务的另一项重要工作是制定和执行金融政策。

金融政策主要有以下三种类型：一是货币政策，即中央银行调整货币总需求的方针策略。二是利率政策，即国家在一定时期内依据客观经济条件和经济政策目标制定的关于利率的各种制度、法令和条例的总称。三是汇率政策，即政府利用本国货币汇率的升降来控制进出口及资本流动以达到国际收支均衡目的的相关政策。

3. 市场监督管理

市场监督管理，是指为了建立和维护市场经济秩序，通过特设的行政管理机构对市场经营主体依法进行监督与管理。市场监督管理事务主要包括以下几个方面。

（1）市场综合监管和执法事务。

内容主要包括：市场综合监督管理；市场主体统一登记注册；企业信用监督管理；市场监管综合执法工作，反垄断统一执法；市场秩序监督管理。

（2）质量、计量、标准和检验检测事务。

内容主要包括：宏观质量管理；产品质量安全监督管理；统一管理计量工作；统一管理标准化工作；统一管理检验检测工作；统一管理、监督和综合协调认证认可工作。

（3）食品和药品安全监督管理事务。

内容主要包括：食品安全监督管理综合协调；食品安全监督管理。

此外，对于特种设备安全、建设工程质量与安全、城乡房屋建设质量与安全、知识产权保护等，都应纳入市场监督管理的范围。

4. 国有资产管理

国有资产是指根据有关法律规定，由国家拥有的资产，是我国经济体制的根本所在。

国有资产管理是指政府相关机构对国家所拥有的资产进行投资、运营、增值等一系列宏观管理活动。

国有资产管理的目标是实现资产收益最大化与满足社会公共利益两大目标的协调。

当前我国政府国有资产管理主要包括两个方面：一是防止国有资产的流失，为此有必要对国有资产进行严格监督，防止国有资产的流失；二是实现国有资产的有效运营。

▶ **知识解读**

本知识点的考查题型一般为单选题。

▶ **真题小练**

单选题

（2016 年 4 月全国）政府对整个国民经济进行全局性和综合性的管理是（　　　）

　　A. 微观经济管理　　　　　　　　　　B. 宏观经济管理

　　C. 国有资产管理　　　　　　　　　　D. 工商行政管理

答案及解析：B。宏观经济管理是政府对整个国民经济进行的全局性的和综合性的管理。

▶ **小试牛刀**

多选题

1. 宏观经济调控主要包括（　　　）

　　A. 人员调控　　　　　　　　　　　　B. 结构调控

　　C. 总量调控　　　　　　　　　　　　D. 运输调控

　　E. 规范性调控

答案及解析：BCE。宏观经济管理的手段是宏观经济调控。宏观经济调控大致包括三个方面的内容：总量调控、结构调控和规范性调控。

2. 当前我国政府的国有资产管理主要包括（　　　）

　　A. 直接经营国有资产　　　　　　　　B. 全面扩大国有资产经营范围

　　C. 增加国有资产比重　　　　　　　　D. 防止国有资产流失

　　E. 实现国有资产的有效运营

答案及解析：DE。当前我国政府国有资产管理主要包括两个方面：一是防止国有资产流失；二是实现国有资产的有效运营。

知识点 **2**

▶ **政治事务** ☆

　　政治事务是指涉及代表全体人民的意志和利益，遵循政治发展的规律，实现预期的政治目标的一切活动的总称。

　　1. 国防管理

　　国防管理，又称国防军事管理，是指国家军事机关为了保卫国家的领土完整和国家主权以及人民生命、财产安全，保障社会稳定、秩序的环境，通过计划、组织、协调、控制等环节，对国家军事力量、军事机构、全体民众等进行管理的活动。

　　主要内容包括：统一指挥全国武装力量；决定军事战略和武装力量的作战方针；领导和管理人民解放军的建设，制定规划、计划并组织实施；向全国人大或全国人大常委会提出议案；根据宪法和法律，制定军事法规，发布决定和命令；决定人民解放军的编制和体制；并依照法律、军事法规的规定，任免、培训、考核和奖惩武装力量成员。

2.外交事务

外交事务或外事管理是政府为了正确处理本国与其他国家的关系、积极参与国际重大活动和维护世界和平，通过制定和执行外事政策、处理对外事务以实现政府的外交职能的一项政治性事务管理活动。

中央政府外交事务的内容主要有：确立外交战略，制定外交政策；决定一些重大的外交事项，如条约的签订，与某国建立或中断外交关系等；根据宪法、法律行使职责，实施对我国使领馆人员的任免权，进一步完善使节制度；参加联合国或政府间有关的国际会议和国际组织活动；与外国进行信息交流；归口管理有关的涉外事宜，包括协调有关经济、贸易、军事、文化、体育、科技等方面对外交流合作的外交政策，协调国外侨务方针政策，处理有关涉外事务中的法律问题，审查我国出版地图中关于国界线和世界区划的划分；任免驻外使领馆及有关代表机构的主要外交领事官员等。

3.公共安全与司法行政

公共安全与司法行政事务本质上是行政机关维护社会公共秩序和保障法律有效实施的一系列行政管理活动。

在我国，这些事务主要由公安部门、国家安全部门和司法行政部门负责。

（1）公共安全事务。

公共安全事务指公安机关依照国家法律法规，维护社会治安秩序，保障社会生活正常进行的行政管理活动。由于治安管理的内容广泛而复杂，治安管理主体依法具有武装性的特征，在管理手段上也具有特殊的强制性。

公共安全事务的内容，可以从不同的角度来加以认识。

①从业务范围来看，包括户政管理、公共秩序管理、特种行业管理、危险物品管理、道路交通安全管理、消防管理。

②从地域来看，包括城市治安管理、乡村治安管理、水上治安管理。

③从行业来看，包括铁路治安管理、民航治安管理、交通治安管理、林业治安管理等。

具体而言，主要包括以下三个方面：一是打击违法犯罪活动，对犯罪分子和犯罪行为进行惩处；对一定程度违法但不构成犯罪的个人和行为进行治安处罚，维护公共秩序和国家安全，保护人民的生命和财产安全；二是处置突发性群体性事件，化解社会矛盾，维护社会稳定；三是提供社会服务，如户籍部门、社区民警等，直接为公民提供相应的服务。

（2）司法行政。

司法行政是指行政机关围绕司法活动而展开的各种保障和服务的统称，包括行政机关所进行的法制宣传，以及监狱、劳教、公证、律师、调解等组织中的行政管理活动。

我国司法行政事务主要有：管理对罪犯的劳动改造工作和对违法分子的劳动教养工作，领导和管理轮训法院、检察院、司法行政部门的在职干部的工作，组织管理法制宣传，领导公证工作，办理公证处、人民调解委员会、律师工作、法律顾问处的组织建设和业务建设，检查、指导下级司法机构的工作，考察、了解司法系统的干部、律师和公证人员，管理司法业务经费的计划、使用，监督公证、律师的收费等。

4. 民族与宗教事务

民族宗教事务是政府协调民族关系、宗教关系和促进民族团结、管理宗教活动的行政事务的总称。

具体内容主要包括：参与制定和执行民族、宗教工作的方针政策和法律、法规；促进民族政策在经济发展和社会有关领域的实施，防范利用宗教进行非法、违法活动，抵御境外利用宗教进行渗透活动；协调处理民族、宗教关系中的重大事项，参与协调涉及民族、宗教因素的社会维稳工作；保障少数民族和宗教界的合法权益，保护公民宗教信仰自由；支持民族、宗教团体加强自身建设，推动民族、宗教团体开展爱国主义、社会主义、拥护祖国统一和民族团结教育，办理民族、宗教团体需政府帮助解决或协调的有关事务；依法管理民族、宗教方面的涉外事务；协助有关部门做好少数民族干部的培养、教育、选拔和使用工作。

▶ **知识解读**

本知识点的考查题型一般为选择题。

▶ **小试牛刀**

多选题

政治事务的主要内容包括（　　　）

A. 文化行政管理　　　　　　　　B. 国防管理

C. 公共安全与司法行政　　　　　D. 民族与宗教事务

E. 外交事务

答案及解析：BCDE。政治事务的主要内容包括国防管理、公共安全与司法行政、民族与宗教事务、外交事务。

知识点 ③

▶ **社会事务** ☆

社会事务或社会管理事务，是指政府及其管理机构代表全体人民的意志和利益，遵循社会发展的规律，为实现预期的社会发展目标，对社会生活进行计划、组织、指挥、协调、监督和控制的管理事务。

具体内容主要包括以下几个方面。

1. 人口管理

人口管理是指政府有关控制人口数量，提高人口质量，促进人口的合理流动，以有利于人口因素适应社会经济发展的需要，保障人民享有更高的生活质量的一系列政策和管理措施的总和。

主要内容包括：生育管理；居民身份证管理；户籍管理；流动人口管理。

2. 民政与社会福利事务

民政和社会福利事务是政府社会事务中最贴近普通公民的事务，是以服务、便民为准则，为公民提供非商品性服务，以解决公民的各种困难，谋求福利的行政事务。

主要内容有：基层政权建设、村民自治、社区建设、优抚安置、社会捐赠、社会福利、社会救济、区划地名、社团管理、婚姻登记、殡葬管理等。

政府的社会保障事务包括：制定社会保障法律与法规；管理社会保障资金；确定社会保障对象的标准和范围，以及提供社会保障服务的具体内容。

3. 生态环境事务

生态环境事务是政府相关部门依据国家和地方制定的有关自然资源与生态保护的法律、法规、条例、技术规范、标准等所进行的行政管理工作。

其具体内容主要有：建立健全生态环境基本制度；统筹协调和监督管理重大生态环境问题；监督管理国家减排目标的落实；监督管理环境污染防治；指导协调和监督生态保护修复工作；监督管理核与辐射安全；监督管理生态环境准入；负责生态环境监测工作和应对气候变化工作；开展中央生态环境保护督察和生态环境监督执法；组织指导和协调生态环境宣传教育等工作。

4. 应急管理

应急管理是指政府及其他公共机构在突发事件的事前预防、事发应对、事中处置和善后恢复过程中，通过建立必要的应对机制，采取一系列必要措施，应用科学、技术、规划与管理等手段，保障公众生命、健康和财产安全、促进社会和谐健康发展的有关活动。

▶ **知识解读**

本知识点的考查题型一般为选择题。

▶ **小试牛刀**

单选题

婚姻登记、殡葬、收养、民间组织的发展等事项属于（　　　　）

　　A. 人口行政管理的内容　　　　　　　　B. 卫生行政管理的内容

　　C. 民政与社会福利事务　　　　　　　　D. 社会保障行政管理的内容

答案及解析：C。民政与社会福利事务是以服务、便民为准则，为公民提供非商品性服务，以解决公民的各种困难，谋求福利的行政事务。具体包括基层政权建设、优抚安置、社会捐赠、社会救济、社会福利、村民自治、社区建设、区划地名、社团管理、婚姻登记、殡葬管理等。

多选题

社会事务主要包括（　　　）

　　A.人口管理　　　　　　　　　　B.民政与社会福利事务

　　C.生态环境事务　　　　　　　　D.应急管理

　　E.国防管理

答案及解析：ABCD。社会事务主要包括人口管理、民政与社会福利事务、生态环境事务、应急管理。

知识点 ④

▶ **公共事业管理**☆

　　在我国，公共事业管理是指政府依法对运用共同资源举办的教育、科学、体育和卫生等公共事业进行管理的总称，是政府行政管理事务的重要组成部分。

　　1.教育管理

　　教育管理，是以整个教育系统为管理对象，以法令、法规为根本依据，对整个教育系统和各类学校组织进行计划、组织、指导和控制等的管理活动，从而实现为国家培养人才的目标。

　　当前我国政府教育管理主要包括以下几个方面的内容：参与制定和实施教育法律和政策体系，制定和实施教育规划，对教育机构和教育过程实行有效的管理，合理调配教育资源，促进教育公平和教育水平的整体提高。

　　2.科技管理

　　科技管理则是由政府或其职能部门，对辖区范围内的科学技术活动所实行的宏观管理。具体内容主要包括：科技政策的制定和实施，科技规划与计划的制定和实施，科技经费与科研项目管理，科研成果管理，科技人才管理，科技信息管理等。

　　3.文体管理

　　文体管理即政府针对文化事业和体育事业，通过专业职能部门展开的管理活动，其目的在于指导文体事业健康、有序地发展。

　　一般而言，文体管理主要包括三个方面：制定文化与体育事业发展战略；进行各项文化与体育事业的基础建设工作，实施文化与体育市场管理。

　　4.卫生健康管理

　　卫生保健事业是现代社会的产物，其产品和服务具有准公共性，其目标也多以公益性目标为主。

　　现代卫生保健事业可划分为两大类别：一是以满足社会共同需要为出发点的卫生保健活动，二是以满足个人及家庭需要为主的卫生保健活动。

卫生健康管理事务主要包括几个方面：卫生健康法制与监督管理，妇幼保健管理，医政管理，疾病控制管理，药品监督管理，组织处置突发性公共卫生事件等。

▶▶ **知识解读**

本知识点的考查题型一般为选择题。

▶▶ **小试牛刀**

单选题

在社会公共行政事务中，科技管理属于（　　　　）

　A. 政治事务　　　　　　　　　　B. 经济事务

　C. 公共事业管理　　　　　　　　D. 社会事务

答案及解析：C。社会公共行政事务中的公共事业管理：①教育管理；②科技管理；③文体管理；④卫生健康管理。（口决：科教文卫。）

第七章 行政管理行为

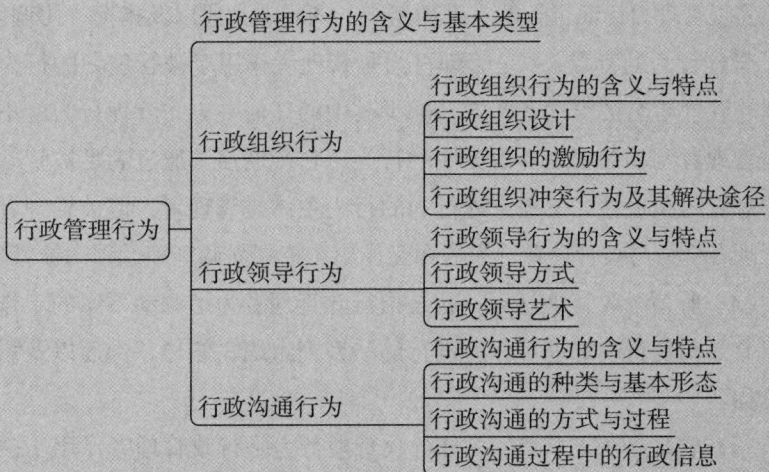

行政管理行为的含义与基本类型

行政管理行为

行政组织行为
- 行政组织行为的含义与特点
- 行政组织设计
- 行政组织的激励行为
- 行政组织冲突行为及其解决途径

行政领导行为
- 行政领导行为的含义与特点
- 行政领导方式
- 行政领导艺术

行政沟通行为
- 行政沟通行为的含义与特点
- 行政沟通的种类与基本形态
- 行政沟通的方式与过程
- 行政沟通过程中的行政信息

第一节 行政管理行为的含义与基本类型

知识点

▶ **行政管理行为的含义与基本类型**☆

1. 行政管理行为的含义

（1）所谓行为科学，一般意义而言，就是研究人的行为，特别是研究管理者如何影响被管理者的行为，以调动他们的工作积极性进而提高工作效率的科学。

（2）较早将行为科学引入行政管理学的研究并产生重大影响的学者是美国著名行政学家赫伯特·A.西蒙。他在20世纪40年代出版的《行政行为》一书，在美国乃至整个西方行政学界产生了重要影响。

（3）所谓管理行为，就是指管理者为了调动被管理者的工作积极性并使之努力工作以有效实现管理目标而进行的一系列组织、领导、沟通以及指挥、协调等一系列活动的总称。

管理行为的特点：一是管理行为是管理者作用于被管理者的行为，因此在管理行为中存在着管理者与被管理者两方，缺少其中的任何一方，管理行为就不能存在。二是管理行为是管理者调动被管理者积极性的行为，它特别强调通过满足被管理者的社会需求来调动被管理者的积极性。三是管理行为的行为主体是管理者，但被管理者也不是被动的，它强调管理者行为与被管理者行为的相互作用，特别强调管理过程中被管理者的积极参与。

（4）所谓行政管理行为，就是指行政管理者为了调动下属的工作积极性并使之努力工作以有效实现行政管理目标而进行的一系列组织、领导、沟通以及指挥、协调等行政活动的总称。

行政管理行为的特点：一是行政管理行为是行政管理者作用于被管理者的行为。二是行政管理行为是行政管理者调动被管理者或其下属积极性的行为。三是行政管理行为的主体是行政管理者，但在行政管理行为过程中也离不开下属的积极参与。

2. 行政管理行为的基本类型

（1）可以从不同的角度对行政管理行为进行分类。如果从行政层级的角度来进行分类，可以将行政管理行为分为中央政府行政管理行为和地方政府行政管理行为；如果从行政过程的角度来进行分类，可以将行政管理行为分为行政决策行为、行政执行行为、行政监督行为，甚至还可以将行政执行行为细分为行政指挥行为、行政协调行为等；如果从行政管理者与被管理者关系的角度来分，可以将行政管理行为分为行政组织行为、行政领导行为和行政沟通行为等。

（2）管理心理学或组织行为学所研究的管理行为，主要可分为两大类，一类是个体行为，另一类是群体行为。所谓个体行为，是指个体所进行的一切外在形式的活动。所谓群体行为，是指由两个以上具有共同行为目标的个体按一定方式组成的人群结合体为实现共同目标而进行的一系列相互影响、相互作用或一致行动的一系列活动的总和。

群体行为一般具有以下特点：首先是群体成员具有共同的需要和目标；其次，群体成员具有共同的规范和行为模式；再次，群体成员具有共同的归属感；最后，在群体行为过程中群体成员要相互作用。显然，行政管理行为也具有上述群体行为的特征。因此，毫无疑问，行政管理行为当属于群体行为。

组织行为、领导行为和沟通行为。是群体行为中最基本的行为。主要原因如下所述。

第一，群体行为所要实现的目标是群体成员共同的目标。

第二，在群体行为中要实现群体成员的行动一致，就必须要有人进行指挥、协调的工作，即要有领导行为，所以，领导行为也是群体行为的基本行为之一。

第三，由于群体行为不是一个人的单独行为，而是多个人为了一个共同目标而进行的行为，因此离不开有效的沟通。

▶ **知识解读**

本知识点的考查题型一般为客观题。

同学们要掌握行政管理行为的几种类型。

▶ **真题小练**

多选题

（2018 年 4 月全国）从行政管理者与被管理者关系来划分，行政管理行为可划分为（　　　　）

　　A. 行政组织行为　　　　　　　　　B. 行政领导行为

　　C. 行政决策行为　　　　　　　　　D. 行政执行行为

　　E. 行政沟通行为

答案及解析：ABE。从行政层级的角度进行分类，行政管理行为可分为中央政府行政管理行为和地方政府行政管理行为；从行政过程的角度分类，行政管理行为可分为行政决策行为、行政执行行为、行政监督行为，甚至还可以将行政执行行为细分为行政指挥行为、行政协调行为等；从行政管理者与被管理者关系的角度分类，行政管理行为可分为行政组织行为、行政领导行为和行政沟通行为等。故排除 CD，本题答案为 ABE。

▶ **小试牛刀**

论述题

试论述组织行为、领导行为和沟通行为是群体行为中最基本行为的原因。

答案：

（1）群体行为所要实现的目标是群体成员共同的目标。

（2）在群体行为中要实现群体成员的行动一致，就必须要有人进行指挥、协调的工作，即要有领导行为，所以，领导行为也是群体行为的基本行为之一。

（3）由于群体行为不是一个人的单独行为，而是多个人为了一个共同目标而进行的行为，因此离不开有效的沟通。

第二节　行政组织行为

知识点 1

行政组织行为的含义与特点 ☆

1. 行政组织行为的含义

行政组织行为，即动态的行政组织活动及过程，是指政府为履行国家行政管理职能、管理社会公共事务、行使国家行政权力而进行的组织活动和运行过程。

行政组织通常由四个要素组成。

（1）行政职位。这是行政组织中最基本的构成要素。

（2）行政人员。这是行政组织中最活跃的因素。

（3）行政体制。行政体制决定了行政组织的运作形式。

（4）精神要素。这是构成行政组织的主观因素。

2. 行政组织行为的特点（见图 7-1）

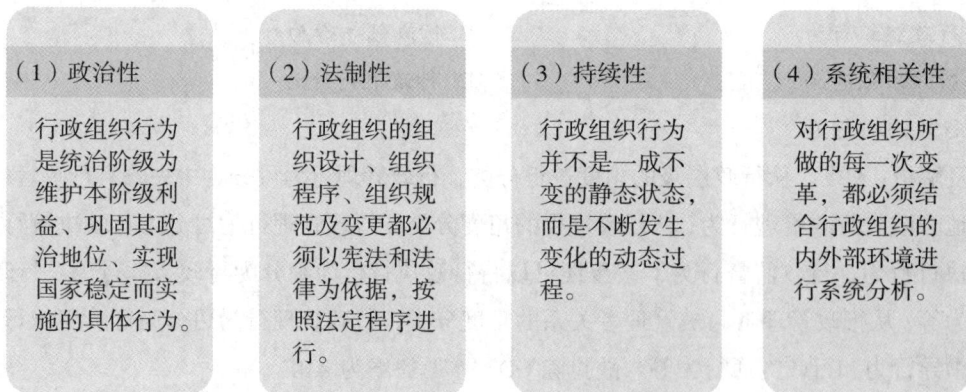

（1）政治性	（2）法制性	（3）持续性	（4）系统相关性
行政组织行为是统治阶级为维护本阶级利益、巩固其政治地位、实现国家稳定而实施的具体行为。	行政组织的组织设计、组织程序、组织规范及变更都必须以宪法和法律为依据，按照法定程序进行。	行政组织行为并不是一成不变的静态状态，而是不断发生变化的动态过程。	对行政组织所做的每一次变革，都必须结合行政组织的内外部环境进行系统分析。

图 7-1　行政组织行为的特点

知识解读

本知识点的考查题型一般为客观题，偶尔会考查主观题。

本知识点属于常考知识点，该知识点的内容在考试中都会涉及，建议同学们通篇学习本知识点。

▶ 真题小练

单选题

1.（2014年7月全国）行政组织中最基本的构成要素是（   ）

　　A. 行政职位　　　　　B. 行政人员　　　　　C. 行政体制　　　　　D. 精神要素

答案及解析：A。行政职位是行政组织中最基本的构成要素。

2.（2016年4月全国）行政组织构成要素中，最活跃的是（   ）

　　A. 行政职位　　　　　B. 行政人员　　　　　C. 行政体制　　　　　D. 行政环境

答案及解析：B。行政人员是行政组织中最活跃的因素。

▶ 小试牛刀

简答题

简述行政组织的基本要素。

答案：

行政组织通常由四个要素组成。

（1）行政职位。这是行政组织中最基本的构成要素。

（2）行政人员。这是行政组织中最活跃的因素。

（3）行政体制。行政体制决定了行政组织的运作形式。

（4）精神要素。这是构成行政组织的主观因素。

知识点 2

▶ 行政组织设计 ☆☆

　　行政组织设计，就是国家权力机构或政府对行政组织结构及其运行体制进行规划和确立的过程。

　　1. 行政组织设计的影响因素

　　行政组织设计的影响因素一般包括三个方面，即行政组织的目标、职能与环境，技术特征以及二者的匹配性。

　　（1）行政组织的目标、职能与环境。目标是行政组织生存的依据，也是行政组织的合法性基础。

　　（2）行政组织的技术特征。包括行政组织的结构、规模、权力配置、运行机制等。

　　（3）行政组织目标、职能与环境和行政组织技术特征的匹配性。行政组织设计要建立在对历史、文化和现实环境、组织目标、组织职能等因素的充分考虑的基础上，要尽可能地关注行政组织目标、职能与环境和行政组织技术特征的匹配性。

2. 科学设计行政组织结构

行政组织的结构是指行政组织中各部门之间、各层次之间所构成的权责关系的排列方式。行政组织的结构可以分为三类：行政组织的纵向结构，行政组织的横向结构，行政组织的直线—职能结构。

在建立合理的行政组织结构时，应特别注意正确处理好管理层次与管理幅度的关系。一般来说，在条件不变的情况下，管理层次与管理幅度成反比关系。管理层次越多，则管理幅度越小，反之亦然。在设计行政组织结构时，管理层次的多少与管理幅度的大小应以提高行政效率为前提，适当控制管理幅度，尽量减少管理层次。我国行政组织的结构体系是直线—职能结构。

3. 科学设计行政组织体制

行政组织体制是指行政组织结构中各层级、各部门之间行政关系制度化的表现形式。行政组织体制可以从不同的角度来进行分类，主要的分类方法如下所述。

（1）依据行政决策和担负行政责任的人数，行政组织体制可分为首长制和委员会制。我国行政机关实行的是行政首长负责制，瑞士联邦政府是实行委员会制的典型。

①首长制又称独任制、一长制，指行政组织的法定最高决策权和管理权由行政首长一人行使并负责的组织体制。首长制的优点是：行政组织权力集中，责任明确，决策与行动迅速，指挥灵敏有力，避免互相推诿，减少不必要的摩擦和损耗，易于保密。其缺点是：行政首长一人的知识、经验、精力、智慧有限，决策问题可能欠妥当。行政首长一人独揽大权，也容易形成独断专行。

②委员会制又称合议制，指行政组织决策和管理权力由若干人组成的委员会共同行使，按少数服从多数或协调一致的原则集体决定、共同负责的组织体制。委员会制的优点是：决策能够集思广益，考虑问题比较周全，能够容纳各方面的意见，反映各方面的利益和要求，可以有效防止个人专断。其缺点是：权责不明，易互相扯皮，名义上是集体负责而实际上是无人负责；行动迟缓，意见难以统一，容易导致反应迟钝，行政效率不高。

（2）按行政权力在上级与下级之间分配的权重不同，行政组织体制可分为集权制和分权制。

（3）依据同一层次上的各个行政组织所受上级指挥和控制的数目，行政组织体制可分为完整制和分离制。美国是分离制的典型国家。

▶ **知识解读**

本知识点的考查题型一般为主观题和客观题。

本知识点属于常考知识点，该知识点的内容在考试中都会涉及，建议同学们通篇学习本知识点。

▶ **真题小练**

单选题

1.（2014 年 4 月全国）行政组织存在的依据与合法性基础是（ ）

　　A. 目标　　　　　　　　　　　　B. 职能

　　C. 环境　　　　　　　　　　　　D. 技术

答案及解析：A。目标是行政组织生存的依据，也是行政组织的合法性基础。

2.（2009 年 7 月全国）行政组织生存的依据是（ ）

　　A. 职能　　　　　B. 目标　　　　　C. 环境　　　　　D. 权力

答案及解析：B。目标是行政组织生存的依据，也是行政组织的合法性基础。

3.（2016 年 4 月全国）行政组织机构中管理层次与管理幅度的关系一般是（ ）

　　A. 正比关系　　　B. 反比关系　　　C. 分离关系　　　D. 没任何关系

答案及解析：B。一般说来，在条件不变的情况下，管理层次与管理幅度成反比关系。管理层次越多，则管理幅度越小，反之亦然。在设计行政组织结构时，管理层次的多少与管理幅度的大小应以提高行政效率为前提，适当控制管理幅度，尽量减少管理层次。

4.（2014 年 10 月全国）我国行政组织结构体系属于（ ）

　　A. 直线结构　　　B. 职能结构　　　C. 矩阵结构　　　D. 直线—职能结构

答案及解析：D。我国行政组织的结构体系是直线—职能结构。

5.（2017 年 4 月全国）行政组织的法定最高决策权和管理权由行政首长一人行使并负责的组织体制是（ ）

　　A. 委员会制　　　B. 完整制　　　　C. 分离制　　　　D. 首长制

答案及解析：D。首长制，又称独任制、一长制，指行政组织的法定最高决策权和管理权由行政首长一人行使并负责的组织体制。

6.（2010 年 7 月全国）目前实行委员会制的典型国家是（ ）

　　A. 德国　　　　　B. 法国　　　　　C. 英国　　　　　D. 瑞士

答案及解析：D。目前瑞士联邦政府是实行委员会制的典型国家。

多选题

1.（2016 年 4 月全国）行政组织的基本结构可划分为（ ）

　　A. 行政组织的曲线结构　　　　　B. 行政组织的分散结构

　　C. 行政组织的纵向结构　　　　　D. 行政组织的横向结构

　　E. 行政组织的直线—职能结构

答案及解析：CDE。行政组织的结构是指行政组织中各部门之间、各层次之间所构成的权责关系的排列方式。行政组织结构可以分为三类：行政组织的纵向结构、行政组织的横向结构和行政组织的直线—职能结构。

2.（2017年10月全国）行政组织体制中，委员会制的缺点主要有（　　　）

A. 独断专行　　　　　　　　　　　B. 权责不明

C. 行政效率不高　　　　　　　　　D. 压抑主动性和创造性

E. 行动迟缓

答案及解析：BCE。委员会制的缺点是：权责不明，易互相扯皮，名义上是集体负责而实际上是无人负责；行动迟缓，意见难以统一，容易导致反应迟钝，行政效率不高。

3.（2014年10月全国）行政组织体制中，首长制的优点主要有（　　　）

A. 民主决策，集体负责　　　　　　B. 权力集中，决策与行动迅速

C. 责任明确，指挥灵敏，避免互相推诿　　D. 能减少不必要的摩擦损耗，易于保密

E. 依赖一人的知识、经验、智慧，决策质量有保证

答案及解析：BCD。首长制的优点是：行政组织权力集中，责任明确，决策与行动迅速，指挥灵敏有力，避免互相推诿，减少不必要的摩擦和损耗，易于保密。

简答题

（2016年10月全国）简述行政组织设计的影响因素。

答案：行政组织设计的影响因素包括行政组织的目标、职能与环境，行政组织的技术特征和行政组织目标，职能与环境和行政组织技术特征的匹配性。

▶ 小试牛刀

简答题

简述管理层次与管理幅度的关系。

答案：

（1）一般说来，在条件不变的情况下，管理层次与管理幅度成反比关系，管理层次越多，则管理幅度越小，反之亦然。

（2）在设计行政组织结构时，管理层次的多少与管理幅度的大小应以提高行政效率为前提，适当控制管理幅度，尽量减少管理层次。

知识点 3

▶ 行政组织的激励行为 ☆

行政组织激励行为是指行政组织采取的有计划、有目的的手段，激发和鼓励行政组织成员的工作热情，为有效实现行政组织目标而努力工作的组织行为。

激励行为是一种重要的行政组织行为，它对于实现行政组织目标、保持行政组织的活力、推动行政组织发展具有重要的积极意义。

1. 行政组织激励的类型

（1）按激励所运用的手段不同，行政组织的激励行为可分为物质激励与精神激励。

（2）按激励所运用的方式不同，行政组织的激励行为可分为正面激励和负面激励。

（3）按激励实施的途径不同，行政组织的激励行为可分为内在激励和外在激励。

2. 激励的原则

为保证行政组织激励行为有效性，行政组织激励应遵循下列基本原则。

（1）物质激励与精神激励相结合的原则。

（2）正面激励和负面激励相结合的原则。

（3）内在激励与外在激励相结合的原则。

▶ **知识解读**

本知识点的考查题型一般为客观题和主观题。

▶ **小试牛刀**

多选题

按激励所运用的方式不同，可将行政组织的激励行为分为（　　　）

A. 负面激励 　　　　　　　　　　B. 物质激励

C. 精神激励 　　　　　　　　　　D. 正面激励

E. 内在激励

答案及解析：AD。按激励所运用的方式不同，行政组织的激励行为可分为正面激励和负面激励。选项 BC 属于按激励所运用的手段不同的分类，故排除。选项 E 属于按激励实施的途径不同的分类，故排除。本题答案为 AD。

知识点 4

▶ **行政组织冲突行为及其解决途径**☆

任何一个行政组织中都存在不同程度的冲突。

1. 行政组织冲突的类型

（1）根据冲突主体的不同，行政组织冲突可分为：组织中个人之间的冲突、组织中个人与团体之间的冲突、组织中团体之间的冲突、正式组织与非正式组织之间的冲突。在组织冲突中，最常见的冲突是组织中个人之间的冲突。

（2）根据组织冲突功能，行政组织冲突可分为功能正常的冲突与功能失调的冲突。

①功能正常的冲突是指那些支持行政组织的目标并能够提高行政组织的工作绩效的冲突。

②功能失调的冲突是指那些对于行政组织绩效的实现有阻碍作用的冲突，这种冲突属于破坏性的，最终导致行政组织绩效降低。

2. 解决行政组织冲突的主要方式

（1）谈判。谈判是不经过第三者介入，两个或两个以上的决策代表解决彼此存在或未来预见冲突的协商沟通过程。

（2）调处。调处是在冲突当事人自愿参与的前提下，调处人帮助有争议的双方解决彼此分歧的过程。

（3）服从权威。服从权威是指服从行政领导的安排或上级行政组织作出的决议。这是解决上下级行政组织冲突的常见方式。

▶ **知识解读**

本知识点的考查题型一般为客观题。

同学们要着重注意行政组织冲突的类型，联系实际谈谈解决行政组织冲突的主要方式。

▶ **真题小练**

单选题

1.（2013年7月全国）在组织冲突中，最常见的冲突是（　　　）

　　A. 组织中个人与团体的冲突　　　　B. 组织中个人之间的冲突

　　C. 正式组织与非正式组织的冲突　　D. 领导与下属的冲突

答案及解析：B。在组织冲突中，最常见的冲突是组织中个人之间的冲突。

2.（2014年7月全国）解决上下级行政组织冲突的常见方式是（　　　）

　　A. 谈判　　　　　　　　　　　　　B. 调解处理

　　C. 服从权威　　　　　　　　　　　D. 冷处理

答案及解析：C。服从权威是指服从行政领导的安排或上级行政组织作出的决议。这是解决上下级行政组织冲突的常见方式。

▶ **小试牛刀**

多选题

具体来说，解决行政组织冲突的主要方式有（　　　）

　　A. 谈判　　　　　　　　　　　　　B. 开除当事人

　　C. 调处　　　　　　　　　　　　　D. 服从权威

　　E. 冷处理

答案及解析：ACD。解决行政组织冲突的主要方式有三种。

（1）谈判。谈判是不经过第三者介入，两个或两个以上的决策代表解决彼此存在或未来预见冲突的协商沟通过程。

（2）调处。调处是在冲突当事人自愿参与的前提下，调处人帮助有争议的双方解决彼此分歧的过程。

（3）服从权威。服从权威是指服从行政领导的安排或上级行政组织作出的决议。这是解决上下级行政组织冲突的常见方式。

第三节　行政领导行为

知识点 **1**

▶ 行政领导行为的含义与特点☆

1.行政领导行为的含义

（1）领导是一种具有影响力、指导力的管理行为或指挥行为，是人类社会自古就有的一种普遍和不可缺少的现象。

（2）行政领导行为是指行政领导者在一定的环境下，通过示范、引导、说服、命令等途径，对被领导者进行指挥与指导以实现行政组织目标的行为过程。

2.行政领导行为的特点

行政领导是政府运行过程的核心部分，具有的特点包括统一性、权威性、服务性和综合性。

▶ 知识解读

本知识点的考查题型一般为客观题。

同学们要着重注意领导的含义及行政领导行为的含义和特点。

▶ 真题小练

单选题

（2006年7月全国）政府运行过程的核心部分是（　　　）

　A.行政组织　　　　　　　　　　　B.行政决策

　C.行政领导　　　　　　　　　　　D.行政行为

答案及解析：C。行政领导是政府运行过程的核心部分。

▶ 小试牛刀

多选题

行政领导行为的特点有（　　　）

　A.统一性　　　　B.权威性　　　　C.单一性　　　　D.服务性

　E.综合性

答案及解析：ABDE。行政领导行为的特点包括统一性、权威性、服务性、综合性。

知识点 2

▶ 行政领导方式☆

1. 行政领导方式的含义

行政领导方式是指行政领导在其活动过程中遵循的比较稳定的领导模式。

2. 行政领导方式的类型

（1）按照行政领导者运用行政权力的不同方式或程序划分，行政领导方式的类型可分为以下三种。

①专断式行政领导方式，是把行政决策权、决定权集中于领导者一人手中的领导方式。

②民主式行政领导方式，是指行政领导和被领导者以及群众互相沟通、共同参与决策的一种领导方式。我国的行政领导方式是民主集中制式的领导方式。民主集中制是民主制和集中制的有机结合。

③放任式行政领导方式，是行政领导将很大部分的行政决策权力下放给下级行政机构或行政人员，让其充分享有行政管理权限的一种行政领导方式。

（2）根据行政领导工作重心的不同来划分，行政领导方式的类型可分为：重人式行政领导方式、重事式行政领导方式、人事并重式行政领导方式。

▶ 知识解读

本知识点的考查题型一般为客观题。

同学们要理解行政领导方式的含义及按不同标准划分的类型。

▶ 真题小练

单选题

（2013年4月全国）行政领导者和被领导者以及群众互相沟通、共同参与决策的领导方式是（　　　）

A. 放任式行政领导方式　　　　　　B. 专断式行政领导方式

C. 民主式行政领导方式　　　　　　D. 保守式行政领导方式

答案及解析：C。民主式行政领导方式。这种方式是指行政领导和被领导者以及群众互相沟通、共同参与决策的一种领导方式。

▶ 小试牛刀

单选题

我国的行政领导方式是（　　　）

A. 专断式　　　　　　　　　　　　B. 分权式

C. 民主集中制式　　　　　　　　　D. 放任式

答案及解析：C。我国的行政领导方式是民主集中制式。

知识点 **3**

▶ **行政领导艺术** ☆ ☆

行政领导艺术是行政领导者在领导活动中为达到一定的领导目标而灵活运用各种领导理论、方法而形成的技能和技艺。

1. 授权艺术

授权是指由行政领导者授予直接被领导者一定的权力，使其在领导者的指导监督下，享有超出本职权范围内的处理事务的自主权。

（1）授权的原则：权责统一原则、视能授权原则、信任与监督相统一的原则、单一隶属原则。

（2）授权的方式。

一般来说，授权有以下几种方式。

①充分授权。它是指行政领导在进行授权时，允许下属决定行动方案并自行创造所需条件，给予其充分的自主权，以有利于充分地调动下属的积极性、主动性、创造性。

②不充分授权。这是一种相对保守的授权方式，在此种情况下，由下级提出解决问题的方案并对领导者进行汇报，上级同意之后才能开始执行，而且在执行过程中，下级必须保持与上级的紧密联系，随时让其了解情况知道结果。

③弹性授权。它是指动态授权，在执行一项任务的不同阶段，采取不同的授权方式。对于复杂的任务，或者下属能力、水平无法把握时，适宜采用这种授权方式。弹性授权机动灵活，能根据实际情况的变化随时作出调整，避免因为授权不当而带来的差错。

④制约授权。它是指把某项任务的职权分别授予两个或多个子系统，使系统之间产生相互制约的作用，避免出现疏漏的授权方法。财务工作中的会计、出纳的相互制约可视为一种制约授权。

2. 用人艺术

人力资源是一种生产力，"知人善用"在现代领导活动中的作用越来越重要，是提高行政效率的必然要求。行政领导在用人时要了解下属的具体情况，做到知其长短、用养结合、合理激励、奖励有度。

（1）知人善任：在选人用人问题上，要以科学的选人用人方法和制度为保障，把人选准用准。要善于用人，首先必须"知人"，即对人的了解。

（2）任人唯贤：要做到任人唯贤，就必须反对任人唯亲。任人唯亲就是在用人问题上不是出以公心、唯才是举，而是从个人恩怨、好恶出发，以亲疏作为取舍标准。

（3）用人所长：金无足赤，人无完人。人才的优点和缺点往往是并存的，甚至才能越高的人，其缺点往往也越明显。

（4）敢用新秀：要开拓新的事业，就应大胆起用新人。

3. 处事艺术

行政领导者有条不紊地办事是一种艺术。

4. 用时艺术

一方面，行政领导要运筹好自己的时间；另一方面，行政领导不要浪费他人的宝贵时间。

▶ **知识解读**

本知识点的考查题型一般为主观题和客观题。

同学们要着重记忆授权的四个原则和四种授权方式、用人艺术。了解处事艺术和用时艺术。

▶ **真题小练**

单选题

（2012年4月全国）当任务较为复杂，或者下属能力、水平无法把握时，最适宜采用的授权方式是（　　）

A. 充分授权　　　　　　　　B. 不充分授权

C. 弹性授权　　　　　　　　D. 制约授权

答案及解析：C。弹性授权是指动态授权，在执行一项任务的不同阶段，采取不同的授权方式。对于复杂的任务，或者下属能力、水平无法把握时，适宜采用这种授权方式。弹性授权机动灵活，能根据实际情况的变化随时作出调整，避免因为授权不当而带来的差错。

多选题

（2015年10月全国）行政领导授权的方式包括（　　）

A. 充分授权　　　　　　　　B. 不充分授权

C. 弹性授权　　　　　　　　D. 制约授权

E. 随意授权

答案及解析：ABCD。行政领导授权的方式包括充分授权、不充分授权、弹性授权和制约授权。

▶ **小试牛刀**

简答题

1.简述行政领导授权应遵循的原则。

答案：授权的原则如下所述。

（1）权责统一原则。

（2）视能授权原则。

（3）信任与监督相统一的原则。

（4）单一隶属原则。

2.简述行政领导的用人艺术。

答案：人力资源是一种生产力，"知人善用"在现代领导活动中的作用越来越重要，是提高行政效率的必然要求。行政领导在用人时要了解下属的具体情况，做到知其长短、用养结合、合理激励、奖励有度。

（1）知人善任：在选人用人问题上，要以科学的选人用人方法和制度为保障，把人选准用准。要善于用人，首先必须"知人"，即对人的了解。

（2）任人唯贤：要做到任人唯贤，就必须反对任人唯亲。任人唯亲就是在用人问题上不是出以公心、唯才是举，而是从个人恩怨、好恶出发，以亲疏作为取舍标准。

（3）用人所长：金无足赤，人无完人。人才的优点和缺点往往是并存的，甚至才能越高的人，其缺点往往也越明显。

（4）敢用新秀：要开拓新的事业，就应大胆起用新人。

第四节　行政沟通行为

知识点 1

▶ **行政沟通行为的含义与特点**☆

1.行政沟通行为的含义

行政沟通行为是政府机关组织及其工作人员在政府系统内部以及政府系统与其他社会系统之间，凭借一定的媒介，交流传递政策信息、思想观点，以达到相互理解、协同合作，最终实现政府管理目标的一种管理活动和过程。

2.行政沟通行为的特点

行政沟通行为的特点包括交互性、媒介性和目的性。

3.行政沟通的原因与目的

（1）行政沟通对于任何一个行政组织及其运行来说都是非常必要的。行政系统经常表现出种种不协调的现象，这些不协调现象的产生有许多原因，其中一个重要原因就是行政沟通不善。

（2）行政沟通的目的是为了达到相互理解、协同合作，以共同实现行政管理目标。

▶ **知识解读**

本知识点的考查题型一般为主观题和客观题。

同学们需要理解行政沟通行为的含义，掌握行政沟通行为的三个特点。

▶ **真题小练**

多选题

（2011 年 7 月全国）行政沟通行为的特点主要有（　　　）

    A. 交互性　　　　　　　B. 媒介性　　　　　　C. 单向性　　　　　　D. 目的性

    E. 强制性

答案及解析：ABD。行政沟通行为的特点为交互性、媒介性和目的性。

▶ **小试牛刀**

简答题

什么是行政沟通行为？为什么要进行行政沟通？其目的是什么？

答案：

（1）行政沟通行为是政府机关组织及其工作人员在政府系统内部以及政府系统与其他社会系统之间，凭借一定的媒介，交流传递政策信息、思想观点，以达到相互理解、协同合作，最终实现政府管理目标的一种管理活动和过程。

（2）行政沟通对于任何一个行政组织及其运行来说都是非常必要的。行政系统经常表现出种种不协调的现象，这些不协调现象的产生有许多原因，其中一个重要原因就是行政沟通不善。

（3）行政沟通的目的是为了达到相互理解、协同合作，以共同实现行政管理目标。

知识点 2

▶ **行政沟通的种类与基本形态** ☆

  1. 行政沟通的种类

  （1）按照行政组织的系统，行政沟通可分为正式沟通与非正式沟通。

  ①正式沟通是指依照行政组织的层级设置或组织的权力路线，在明文规定的正式渠道里进行的信息传递与交流。

  ②非正式沟通是指不按组织结构中的正式沟通系统和方法进行的沟通，是一种不为官方正式承认的信息传递活动。

  （2）以沟通方向为标准，行政沟通可分为上行沟通、下行沟通与平行沟通。

  ①上行沟通也称为向上沟通，是指在行政组织中下级向上级汇报情况、反映意见、表达态度的程序。

  ②下行沟通也称为向下沟通，是指在行政组织中，行政领导向下级传达组织目标、方针、规章、程序、通知等的过程，这是组织中最常见的沟通方式，传统组织结构更偏重于下行沟通，可以增进上下级之间的相互了解，并促进下级行政人员的参与感。

③平行沟通，即行政组织内部同级之间或者不相隶属的各单位之间的横向沟通程序，它可简化办事程序、节省时间、提高效率，并增强合作，促使工作事务得以迅速地处理。

（3）按照信息是否进行反馈，行政沟通可以分为单向沟通和双向沟通。

①单向沟通是指发信者向接收者发出信息，发信者与接收者的方向和地位不变，双方不存在任何反馈的沟通过程。

②双向沟通是指发信者和接收者的方向和地位不断互换，双方进行信息交流，得到信息反馈的沟通过程。

2. 行政沟通的基本形态

行政沟通的基本形态包括环式沟通、链式沟通、轮式沟通、Y 式沟通和全通道式沟通。

▶▶ **知识解读**

本知识点的考查题型一般为主观题和客观题。

同学们需要着重记忆行政沟通的种类和五种基本形态。

▶▶ **真题小练**

单选题

1.（2017 年 4 月全国）行政组织中最常见的沟通方式是（　　）

　　A. 行为沟通　　　　　　　　　　　B. 正式沟通

　　C. 上行沟通　　　　　　　　　　　D. 下行沟通

答案及解析：D。下行沟通，也称为向下沟通，是指在行政组织中，行政领导向下级传达组织目标、方针、规章、程序、通知等的过程，这是组织中最常见的沟通方式。

2.（2017 年 10 月全国）不按组织结构中的正式沟通系统和方式进行的沟通是（　　）

　　A. 平行沟通　　　　　　　　　　　B. 非正式沟通

　　C. 正式沟通　　　　　　　　　　　D. 双向沟通

答案及解析：B。非正式沟通是指不按组织结构中的正式沟通系统和方式进行的沟通，是一种不为官方正式承认的信息传递活动。

多选题

1.（2008 年 7 月全国）行政沟通的基本形态包括（　　）

　　A. 环式沟通　　　　　　　　　　　B. 链式沟通

　　C. 轮式沟通　　　　　　　　　　　D. Y 式沟通

　　E. 全通道式沟通

答案及解析：ABCDE。行政沟通的基本形态包括环式沟通、链式沟通、轮式沟通、Y 式沟通和全通道式沟通。

2.（2011 年 4 月全国）按照沟通方向划分，行政沟通方式主要有（　　）

A. 上行沟通   B. 下行沟通

C. 正式沟通   D. 平行沟通

E. 非正式沟通

答案及解析：ABD。按照沟通方向划分，行政沟通主要有上行沟通、下行沟通和平行沟通。

▶ 小试牛刀

简答题

简述行政沟通的基本形态。

答案：行政沟通的基本形态包括环式沟通、链式沟通、轮式沟通、Y式沟通和全通道式沟通。

知识点 ③

▶ 行政沟通的方式与过程 ☆

1. 行政沟通的方式

沟通是信息在两个或两个以上的个人或组织中传递交换的过程。行政沟通的方式分为四类。

（1）口头沟通。这是指以语言、声音为媒介进行的沟通方式，包括面谈、会议演讲、广播以及电话联络等。

（2）文字沟通。这是指通过人的视觉来达到沟通目的，以文字、图片或各种符号为媒介的沟通方式。

（3）非语言沟通。这是指以声、光信号和体态等为媒介的沟通，包括旗语、服饰、标志、手势、肢体语言、语调等进行的沟通。

（4）电子沟通。这是指以传真、闭路电视、计算机网络为媒介进行的沟通。

2. 行政沟通的过程

行政沟通的过程就是信息发出者将信息传递给接收者的过程，不仅是一种逻辑的传递，还是一种理性与感性的混合交流过程，包括八个阶段。

（1）信息发送者意愿的形成。

（2）发送者选择信息传递的媒介。

（3）发送者将信息编译成接收者可以理解的符号。

（4）确定发送信息的时间、途径和方式。

（5）接收者接受信息。

（6）接收者将信息再编译为具有特定含义的信息，即对信息的再理解。

（7）接收者采取行动。

（8）发送者通过信息反馈来了解所传递的信息是否被准确接收。

▶ **知识解读**

本知识点的考查题型一般为主观题和客观题。

同学们需要着重记忆行政沟通的四种方式和八个阶段。

▶ **真题小练**

多选题

（2010年4月全国）在下列行政沟通的方式中，属于非语言沟通的是（　　　）

A. 服饰　　　　　B. 手势　　　　　C. 广播　　　　　D. 面谈

E. 标志

答案及解析：ABE。非语言沟通是指以声、光信号和体态等为媒介的沟通，包括旗语、服饰、标志、手势、肢体语言、语调等进行的沟通。

▶ **小试牛刀**

简答题

简述行政沟通的方式。

答案：沟通是信息在两个或两个以上的个人或组织中传递交换的过程。行政沟通的方式包括四种。

（1）口头沟通。这是指以语言、声音为媒介进行的沟通方式，包括面谈、会议演讲、广播以及电话联络等。

（2）文字沟通。这是指通过人的视觉来达到沟通目的，以文字、图片或各种符号为媒介的沟通方式。

（3）非语言沟通。这是指以声、光信号和体态等为媒介的沟通，包括旗语、服饰、标志、手势、肢体语言、语调等进行的沟通。

（4）电子沟通。这是指以传真、闭路电视、计算机网络为媒介进行的沟通。

知识点 4

▶ **行政沟通过程中的行政信息** ☆ ☆

1. 行政信息及其在行政沟通中的地位

行政信息是指反映行政管理过程中各项活动、任务以及目标的各种信息、文件、指令、预测、情报、数据资料、建议等信息的总称。

（1）行政信息的特征：客观性、时效性、共享性和政治性。

（2）行政信息在行政沟通过程中的地位。

①行政信息是行政沟通的物质基础。

②行政信息的质量是行政沟通高效、畅通的依据和保证。

2. 行政信息的公开化及其作用

（1）行政信息公开的含义。

行政信息公开是指政府将凡不属保密范围的行政信息依法向社会公开发布以使行政信息为社会广泛知晓并得到充分利用的行政沟通行为，它属于单向沟通的一种形式，也是政府向社会进行信息沟通的一种形式。

（2）行政信息公开化的作用。

①行政信息公开化有助于促进民主行政的发展。

②行政信息公开化有利于人民的生活和工作。

③行政信息公开化有利于防止行政权力的腐败。

④行政信息公开化有助于促进行政效率的提高。

▶ **知识解读**

本知识点的考查题型一般为主观题和客观题。

同学们需要着重记忆行政信息公开化的作用，理解行政信息公开的含义。

▶ **真题小练**

单选题

（2015年10月全国）行政沟通的物质基础是（　　　　）

　A. 行政信息　　　　　　　　　　　B. 行政机构

　C. 沟通媒介　　　　　　　　　　　D. 行政经费

答案及解析：A。行政信息是行政沟通的物质基础。

▶ **小试牛刀**

简答题

什么是行政信息公开？在我国，行政信息公开化有何作用？

答案：

（1）行政信息公开是指政府将凡不属保密范围的行政信息依法向社会公开发布以使行政信息为社会广泛知晓并得到充分利用的行政沟通行为，它属于单向沟通的一种形式，也是政府向社会进行信息沟通的一种形式。

（2）行政信息公开化有下列几个方面的作用。

①行政信息公开化有助于促进民主行政的发展。

②行政信息公开化有利于人民的生活和工作。

③行政信息公开化有利于防止行政权力的腐败。

④行政信息公开化有助于促进行政效率的提高。

第八章 行政管理过程

行政管理过程的含义与基本阶段

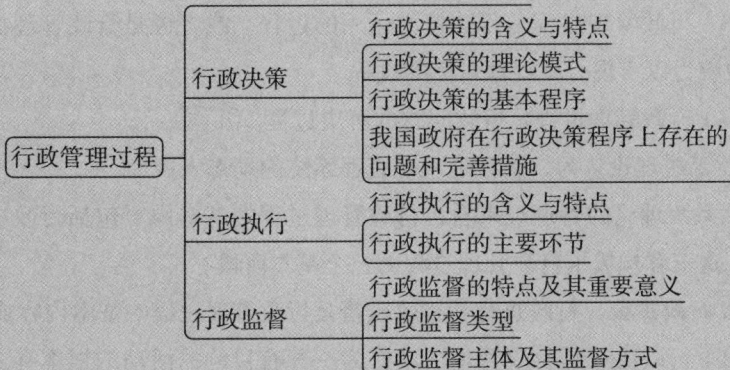

行政管理过程
- 行政决策
  - 行政决策的含义与特点
  - 行政决策的理论模式
  - 行政决策的基本程序
  - 我国政府在行政决策程序上存在的问题和完善措施
- 行政执行
  - 行政执行的含义与特点
  - 行政执行的主要环节
- 行政监督
  - 行政监督的特点及其重要意义
  - 行政监督类型
  - 行政监督主体及其监督方式

第一节 行政管理过程的含义与基本阶段

知识点

▶ **行政管理过程的含义与特点** ☆ ☆

1. 行政管理过程的含义

（1）行政管理过程就是指在一定的行政管理体制下，行政管理机构或行政管理人员按照行政管理的基本原理，运用行政权力和行政管理方法来实现行政管理目标的活动过程。

（2）行政管理过程的研究主要起源于 1951 年美国学者 D. B. 杜鲁门出版的《政府之过程》一书。

2. 行政管理过程的特点

（1）行政管理过程是由一系列行政管理活动构成的一个动态系统。

（2）行政管理过程是管理过程的一种特殊形式，因而它与管理过程有着共同的特点。

（3）行政管理过程是行政权力运用的过程，或者说是行政管理机构和行政管理人员行使行政权力以实现行政管理目标的过程。

（4）行政管理过程是行政问题的解决过程。

3. 系统理论认为，管理过程是管理系统的动态表现

从系统理论的管理观来看，行政管理过程的基本内容包括行政决策、行政执行和行政监督。这三者构成了行政管理过程的三个基本阶段。

4. 行政决策、行政执行和行政监督是行政管理过程的基本内容或基本阶段的原因

（1）行政决策是行政管理活动作为一种有目的的活动的根本标志，也是行政管理过程的第一个阶段。

（2）行政执行是将行政决策的主观意图变为客观现实的必经阶段。

（3）行政监督是保证行政管理不偏离行政决策目标的一个重要阶段。

5. 行政决策、行政执行和行政监督的关系

（1）行政决策是行政管理的起点，是行政执行和行政监督的依据。

（2）行政执行是行政决策得以成为客观现实的必要手段。

（3）行政监督是确保行政执行不偏离行政决策目标的根本保证。

（4）三者有机统一，构成一个完整的行政管理过程。

▶ **知识解读**

本知识点的考查题型一般为客观题。

同学们需要着重记忆行政管理过程的特点、行政管理过程的三个基本阶段及相互之间的关系。

▶ **真题小练**

多选题

（2013年4月全国）行政管理过程的三个基本阶段是（　　　）

  A. 行政决策   B. 行政执行

  C. 行政协调   D. 行政监督

  E. 行政沟通

答案及解析：ABD。从系统理论的管理观来看，行政管理过程的基本阶段包括行政决策、行政执行和行政监督。

▶ **小试牛刀**

多选题

关于行政决策、行政执行和行政监督的关系，下列表述正确的是（　　　）

  A. 行政决策是行政管理的起点

  B. 行政决策是行政执行和行政监督的依据

  C. 行政执行是行政决策得以成为客观现实的必要手段

  D. 行政监督是确保行政执行不偏离行政决策目标的根本保证

  E. 三者有机统一，构成一个完整的行政管理过程

答案及解析：ABCDE。行政决策、行政执行和行政监督的关系为：①行政决策是行政管理的起点，是行政执行和行政监督的依据；②行政执行是行政决策得以成为客观现实的必要手段；③行政监督是确保行政执行不偏离行政决策目标的根本保证；④三者有机统一，构成一个完整的行政管理过程。

第二节　行政决策

知识点 **1**

▶ **行政决策的含义与特点** ☆☆

  1. 行政决策的含义

  行政决策是行政管理机构或行政管理者在管理政府内部行政事务或社会公共事务过程中，为促进社会公共利益的实现，依法运用行政权力作出决定的过程。

  2. 行政决策的特点

  行政决策的特点，主要表现在以下四个方面。

  （1）行政决策的主体是行政管理机构或行政管理人员，尤其是行政领导者。

（2）行政决策内容是行政管理事务。

（3）行政决策过程是一种行政权力的运用过程。在行政权力的行使和运用过程中，决策是一个最基本的也是首要的环节。

（4）行政决策的目标在于追求公共利益的最大化。

▶ **知识解读**

本知识点的考查题型一般为主观题和客观题。

同学们需要着重记忆行政决策的四个特点。

▶ **真题小练**

单选题

1.（2006年7月全国）行政决策的主体是（ ）

　A.公民　　　　　　　　　　　　　B.社会团体

　C.企业　　　　　　　　　　　　　D.行政领导者

答案及解析：D。行政决策的主体是行政管理机构或行政管理人员，尤其是行政领导者。

2.（2009年4月全国）在行政权力的行使和运用过程中，最基本的也是首要的环节是（ ）

　A.行政执行　　　　　　　　　　　B.行政沟通

　C.行政监督　　　　　　　　　　　D.行政决策

答案及解析：D。在行政权力的行使和运用过程中，决策是一个最基本的也是首要的环节。

▶ **小试牛刀**

简答题

简述行政决策的特点。

答案：行政决策的特点体现在四个方面。

（1）行政决策的主体是行政管理机构或行政管理人员，尤其是行政领导者。

（2）行政决策内容是行政管理事务。

（3）行政决策过程是一种行政权力的运用过程。在行政权力的行使和运用过程中，决策是一个最基本的也是首要的环节。

（4）行政决策的目标在于追求公共利益的最大化。

知识点 **2**

▶ **行政决策的理论模式** ☆☆

决策模式是指决策理论家对决策过程的特点、程序、方法的理论概括。

西方有代表性的主要理论模式有：理性决策模式、有限理性决策模式、渐进决策模式、混合扫描决策模式和垃圾筒决策模式，我国通过多年的决策实践，形成了中国特色的探索性决策模式。

1. 理性决策模式

理性决策模式，通常也被称为科学决策模式。其思想渊源可以追溯到英国哲学家、经济学家 J. 边沁等人的功利主义哲学和古典经济学。理性决策模式理论认为，决策过程必须遵循系统的决策程序。

2. 有限理性决策模式

此模式的代表人物是赫伯特·A. 西蒙，他指出，用"满意准则"代替"最优准则"，强调其实用性，从而使决策理论与决策实践更加接近。

3. 渐进决策模式

这种决策模式是美国著名的政策科学家林德布洛姆提出来的。

4. 混合扫描决策模式

此模式又译为综视决策模式，是由美国社会学家阿·埃佐尼提出来的。混合扫描决策理论模式的优点在于：它对决策的方法和过程进行了比较全面的考察，克服了理性决策模式与渐进决策模式各自存在的片面性，同时看到了二者的合理性，并力求把它们结合起来，对人类决策过程作出较为全面的解释，给人类的决策行为提供了一种较为全面的指导思想。

5. 垃圾筒决策模式

垃圾筒决策模式最早是由美国管理学教授詹姆斯·马奇、科恩和奥尔森等人提出。

特点：①决策目标的模糊性；②解决问题的手段和方法的不确定性；③参与决策人员具有相当程度的流动性。

决策的决定力量：问题、解决方案、参与人员和决策的机会。

垃圾筒决策模式的优点与局限性：

它看到了决策过程的复杂性，特别是在决策问题较多、决策参与者众多、解决问题的方式与手段不确定、决策环境不断变化的情况下，决策呈现出的一些特点，并告诫人们要善于抓住决策机会，当机决断，这些观点有其合理性。但是，它并没有指出到底应如何作出具体的决策，没有指出决策者应当如何具体分析决策问题、制定决策方案、把握决策机会作出决策，因而有其局限性。

6. 探索性决策模式

探索性决策模式是一种中国特色的决策模式，是通过对中国革命和中国社会主义建设的决策过程总结、提炼出来的一种决策理论模式。

中国特色的探索性决策模式的内容主要如下所述。

（1）坚定而明确的决策方向。

（2）实事求是的决策思维。

（3）领导与群众相结合的决策方法。

（4）摸着石头过河的决策路径。

探索性决策模式的优点在于：这是一种通过总结中国重大决策经验而形成的一种决策模式，具有当代中国特色，是当代中国重大决策及其规律的反映，并适合当代中国决策实践的需要，对当代中国行政决策具有重要的指导作用；同时这种决策模式注重决策过程的科学性和民主性的统一、创新性和连续性的统一、有效性和经济性的统一。实事求是的思维方式，强调决策要从实际出发，具体问题具体分析，体现了决策过程的科学性；领导与群众的结合，强调决策过程的群众参与，体现了决策过程的民主性。摸着石头过河的过程就是一种探索过程，探索过程本身就是一个创新过程，但强调走小步，这就表明在决策过程中要注重新旧决策之间的连续性。"走小步、走一步看一步"，既是为了决策能够有效实施，关注决策的有效性，也是为了及时修正失误的决策，以期实现探索过程中决策失误成本最小化，即经济性。但这种决策模式目前还主要表现在实践层面，理论上还有待于进一步发展和完善。

▶ **知识解读**

本知识点的考查题型一般为客观题。同学们要着重理解四个模式。

▶ **真题小练**

单选题

1.（2017年4月全国）提出用"满意准则"代替"最优准则"的人物是（　　）

　　A. 林德布洛姆　　　　　　　　　B. 西蒙

　　C. 埃佐尼　　　　　　　　　　　D. 法约尔

答案及解析：B。西蒙指出，用"满意准则"代替"最优准则"，强调其实用性，从而使决策理论与决策实践更加接近。

2.（2016年10月全国）渐进决策理论模式的主要代表人物是（　　）

　　A. 威尔逊　　　　　　　　　　　B. 西蒙

　　C. 林德布洛姆　　　　　　　　　D. 埃佐尼

答案及解析：C。渐进决策模式是美国著名的政策科学家林德布洛姆提出来的。

3.（2012年7月全国）混合扫描决策理论的主要代表人物是（　　）

　　A. 西蒙　　　　　　　　　　　　B. 林德布洛姆

　　C. 法约尔　　　　　　　　　　　D. 埃佐尼

答案及解析：D。混合扫描决策模式，又译为综视决策模式，是由美国社会学家阿·埃佐尼提出来的。

4.（2016年4月全国）理性决策模式的思想可追溯到（　　　）

　　A. 古典经济学理论　　　　　　　　B. 新古典经济学理论

　　C. 现代决策理论　　　　　　　　　D. 货币经济学理论

答案及解析：A。理性决策模式，通常也被称为科学决策模式。其思想渊源可以追溯到英国哲学家、经济学家 J. 边沁等人的功利主义哲学和古典经济学。

5.（2007年7月全国）克服了理性决策模式与渐进决策模式各自存在的片面性，同时把二者的合理性结合起来的决策模式是（　　　）

　　A. 科学决策模式　　　　　　　　　B. 满意决策模式

　　C. 混合扫描决策模式　　　　　　　D. 有限理性决策模式

答案及解析：C。混合扫描决策模式理论的优点在于：它对决策的方法和过程进行了比较全面的考察，克服了理性决策模式与渐进决策模式各自存在的片面性，同时看到了二者的合理性，并力求把它们结合起来。

▶ 小试牛刀

多选题

西方有代表性的现代行政决策理论模式主要有（　　　）

　　A. 理性决策模式　　　　　　　　　B. 有限理性决策模式

　　C. 渐进决策模式　　　　　　　　　D. 混合扫描决策模式

　　E. 非理性决策模式

答案及解析：ABCD。西方有代表性的现代行政决策理论模式主要有理性决策模式、有限理性决策模式、渐进决策模式、混合扫描决策模式和垃圾筒决策模式。

知识点 3

▶ 行政决策的基本程序 ☆☆☆

　　决策程序是指决策运行过程的次序或基本环节。行政决策的基本程序如下所述。

　　（1）信息的收集和处理。这是决策过程的第一个基本程序。

　　（2）决策方案的设计。决策方案的设计即是在掌握大量较为准确和全面信息的基础上，设计出较高质量的决策方案。

　　（3）决策方案的分析、论证与选择。

　　（4）决策方案的实施。

　　（5）决策效果的评估。

▶ 知识解读

　　本知识点的考查题型一般为主观题。

同学们要理解记忆行政决策的五个基本程序。

▶ **小试牛刀**

简答题

简述行政决策的基本程序。

答案：决策程序是指决策运行过程的次序或基本阶段。行政决策的基本程序如下所述。

（1）信息的收集和处理是决策过程的第一个基本程序。

（2）决策方案的设计，即是在掌握大量较为准确和全面信息的基础上，设计出较高质量的决策方案。

（3）决策方案的分析、论证与选择。

（4）决策方案的实施。

（5）决策效果的评估。

知识点 4

▶ **我国政府在行政决策程序上存在的问题和完善措施** ☆☆☆

　　1．我国政府在行政决策程序上存在的问题

　　（1）决策信息的收集和处理工作存在着信息失真的问题。

　　（2）决策方案的设计存在着"粗而不细"和专业化程度低的问题。

　　（3）决策方案的评估存在着"论而不证"的问题。

　　（4）决策方案的选择存在着民主化程度低的问题。

　　2．我国政府完善行政决策程序的措施

　　（1）强化行政决策过程的信息工作。

　　（2）强化行政决策过程的咨询工作。

　　（3）强化行政决策的民主参与。

　　（4）强化行政决策的制度建设。

▶ **知识解读**

　　本知识点的考查题型一般为主观题。

　　同学们要着重理解记忆我国政府在行政决策程序上存在的四个问题及四项完善措施。

▶ **真题小练**

简答题

（2008年7月全国）简述完善我国行政决策程序的措施。

答案：

我国政府完善行政决策程序的措施如下所述。

（1）强化行政决策过程的信息工作。

（2）强化行政决策过程的咨询工作。

（3）强化行政决策的民主参与。

（4）强化行政决策的制度建设。

▶ **小试牛刀**

简答题

简述我国政府在行政决策程序上存在的主要问题。

答案：

我国政府在行政决策程序上存在的问题如下所述。

（1）决策信息的收集和处理工作存在着信息失真的问题。

（2）决策方案的设计存在着"粗而不细"和专业化程度低的问题。

（3）决策方案的评估存在着"论而不证"的问题。

（4）决策方案的选择存在着民主化程度低的问题。

第三节　行政执行

知识点 **1**

▶ **行政执行的含义与特点** ☆

　　1. 行政执行的含义

　　行政执行是指行政管理机构在其权力和职责范围内依法实施行政决策方案以实现行政决策目标的过程。

　　2. 行政执行的特点

　　（1）行政执行是由行政管理机构进行的。这就规定了行政执行的基本主体，也就是说，只有行政管理机构才具有行政执行的法定权力。

　　（2）特定的行政管理机构只能在其特定的权力与职责范围内从事行政执行工作。

　　（3）行政执行活动必须按照行政决策的相关内容进行。

　　（4）行政执行过程是行政管理机构对人、财、物的有机组合过程。

　　（5）行政执行的结果必然导致原有客观环境或客观状况的改变。

▶ **知识解读**

　　本知识点的考查题型一般为客观题。

　　同学们要掌握行政执行的含义，理解记忆行政执行的五个特点。

▶ **小试牛刀**

单选题

行政执行的基本主体是（　　　）

　　A. 行政管理机构　　　　B. 公民　　　　　　C. 政党　　　　　　　　D. 社会团体

答案及解析：A。行政执行是由行政管理机构进行的，这就规定了行政执行的基本主体，也就是说，只有行政管理机构才具有行政执行的法定权力。

知识点 ②

▶ **行政执行的主要环节** ☆☆☆

　　行政执行是由一系列具体的行政活动或环节所组成的，其中重要的环节主要有计划、动员、指挥、协调与控制。

　　1. 行政计划

　　计划是一种事前安排。行政计划是在行政活动未开始之前对行政活动所做的预先设计和安排。

　　2. 行政动员

　　行政动员就是指行政执行机构及其领导者积极向行政执行人员以及与行政执行有关人员解释和宣讲行政决策的内容及其重要意义，布置行政执行的任务，调动执行者和参与者从事行政执行积极性的过程。

　　3. 行政指挥

　　行政指挥，一般是指行政领导者在行政执行过程中对行政执行人员进行的一种现场组织和指导活动。它具有以下基本特点：一是指挥者具有权威性；二是指令必须明确、具体；三是现场性。

　　4. 行政协调

　　（1）行政协调的含义。行政协调就是指在行政执行过程中，行政执行人员引导行政组织之间、行政人员之间建立相互协同、互相配合的良好关系，有效地实现共同行政目标的行政行为或行政活动；也是行政执行人员在行政执行过程中不断解决各种矛盾以实现步调一致、共同行动的活动过程。

　　（2）行政协调的方法：信息沟通法、利益调节法和行政命令法。

　　5. 行政控制

　　（1）行政控制是在行政执行过程中衡量当前的行政执行情况，并使之导向行政决策目标的过程。

　　（2）行政执行控制系统包含四个基本要素。

　　①衡量行政执行是否符合要求的正常标准。

　　②衡量当前行政执行情况的手段。

③将当前的行政执行情况与标准相比较的方法。

④校正当前的行政执行情况以便达到标准的方法。

▶▶ **知识解读**

本知识点的考查题型一般为主观题和客观题。

同学们要理解记忆行政执行的五个重要环节。

▶▶ **真题小练**

单选题

（2011 年 4 月全国）在行政活动未开始之前，对行政活动所做的一种预先安排的环节是

（　　）

　　A. 计划　　　　　　　　B. 动员　　　　　　　　C. 指挥　　　　　　　　D. 控制

答案及解析：A。行政计划是在行政活动未开始之前，对行政活动所做的预先设计和安排。

▶▶ **小试牛刀**

简答题

1. 简述行政执行的主要环节。

答案：

行政执行是由一系列具体的行政活动或环节所组成的，其中重要的环节主要有计划、动员、指挥、协调、控制。

2. 简述行政执行控制系统包含的基本要素。

答案：

行政执行控制系统包含四个基本要素。

（1）衡量行政执行是否符合要求的正常标准。

（2）衡量当前行政执行情况的手段。

（3）将当前的行政执行情况与标准相比较的方法。

（4）校正当前的行政执行情况以便达到标准的方法。

第四节　行政监督

知识点 **1**

▶▶ **行政监督的特点及其重要意义** ☆

1. 行政监督的特点

（1）行政监督的实质在于对行政权力运用的限制和对行政管理机构及其公务员的督促。

（2）行政监督的对象是行政管理机构和公务员及其行政管理活动。

（3）行政监督的主体具有广泛性，既包括行政机关外部的监督主体，也包括行政机关内部的监督主体。行政监督是一个宽泛的概念，其主体具有广泛性。包括执政党组织、国家权力机关和司法机关、纪检监察机关、人民政协、民主党派和人民团体、新闻媒体和公民等。

行政机关自身具有自监督功能，也是行政监督的主体之一。

（4）行政监督是一种依法实行的法定行为。

2．行政监督的重要意义

（1）加强行政监督，是防止行政权力被滥用的一项十分有效的措施。

（2）加强行政监督有利于提高行政效率。

▶ **知识解读**

本知识点的考查题型一般为客观题。

同学们要记忆行政监督的特点及其重要意义。

▶ **小试牛刀**

单选题

行政监督的对象是（　　）

　　A. 行政管理机构及其工作人员非职务行为及非行政行为

　　B. 行政管理机构和公务员及其行政管理活动

　　C. 行政管理机构中的工勤人员

　　D. 立法机关的人员

答案及解析：B。行政监督的对象是行政管理机构和公务员及其行政管理活动。故排除ACD，本题选择B项。

知识点 2

▶ **行政监督类型☆**

1．合法性监督与合理性监督

（1）合法性监督是指行政监督主体以法律、法规为依据，对行政管理机构及其公务员所作出的行政决策、裁决、行为和制定的规章、制度、条例等进行是否合乎宪法与其他法律法规的监督。西方国家的司法审查制度是典型的合法性监督。

（2）合理性监督是指行政监督主体以理性原则为依据，对行政管理机构及其公务员的行政行为，特别是对具体行政行为是否合理，即是否符合科学原理、逻辑思维等进行监督。

2．事前监督、事中监督与事后监督

（1）事前监督是指在行政管理机构进行行政决策、实施行政行为之前进行的监督。最典型的事前监督是听证会制度。

（2）事中监督是指在行政管理机构决策与执行过程中所进行的监督。

（3）事后监督是指行政决策或者实施之后，相关监督主体进行的监督活动。比较常见的事后监督，如执法监督检查。

3．长期监督与暂时监督

（1）长期监督是由常设的行政监督机构对行政管理机构及其公务员进行的监督活动。

（2）暂时监督是指为某一项特别行政事务、行政决策或者突发事件进行的监督和调查。（质询，是指质询者对被质询机关的某些工作不清楚、不理解、不满意的地方提出质问，要求被质询机关作出澄清、解释的一种活动。）

▶ **知识解读**

本知识点的考查题型一般为客观题。

同学们要着重记忆行政监督的类型。

▶ **真题小练**

单选题

（2011 年 7 月全国）最典型的事前监督是（　　　）

　A. 质询　　　　　　　　　　　B. 审计监督

　C. 国政调查　　　　　　　　　D. 听证会制度

答案及解析：D。最典型的事前监督是听证会制度。

▶ **小试牛刀**

单选题

比较常见的事后监督是（　　　）

　A. 执法监督检查　　　　　　　B. 行政许可制度

　C. 听证会制度　　　　　　　　D. 提案议案

答案及解析：A。比较常见的事后监督是执法监督检查。

知识点 ③

▶ **行政监督主体及其监督方式** ☆

1．政治性监督主体及其监督方式

（1）作为行政监督主体的执政党及其监督方式。

在我国，中国共产党对政府及其行政管理的监督主要有以下两种方式。

一是政策督导方式，即通过各级党委、党在政府及行政管理机构内部的党组织，经常性地对各级政府及其行政管理机构对党的路线、方针和政策的执行情况进行检查和指导。

二是人事监管方式。

（2）作为行政监督主体的民主党派及其监督方式。

民主党派的监督方式主要有：协商座谈、考察调研与信息反映、联系检查等。

第一，协商座谈方式。

第二，考察调研方式。

第三，信息反映。

（3）作为行政监督主体的人民政协及其监督方式。

人民政协的监督方式主要有：一是政治协商方式。这种政治协商方式体现出事前监督的特征。二是提案议案方式。这一方式同样体现出事前监督的特征。三是批评建议方式。这是一种事中或事后的监督方式。

2. 法律性监督主体及其监督方式

（1）作为行政监督主体的权力机关及其监督方式。

权力机关，也称立法机关，在英美国家是指国会或议会，在我国指全国人民代表大会和各级地方人民代表大会，对政府的行政管理进行监督，是它的重要职能之一。

我国实行的是人民代表大会制度，全国和地方各级人民代表大会是国家权力机关，而国家行政机关是权力机关的执行机关，由其产生，对其负责，并受其监督。

权力机关对政府及其行政管理的监督主要有两种方式：一是法律监督方式，二是工作监督方式。

权力机关的工作监督主要指对国家行政机关的行政管理行为进行监督，主要内容有：听取和审查同级人民政府的工作报告；审查和批准同级人民政府提出的国民经济和社会发展规划及其执行情况的报告；对行政机关提出质询案；开展执法监督检查；接待信访群众，受理公民对行政机关及其人员的申诉、控告和检举等，并进行处理。

（2）作为行政监督主体的司法机关及其监督方式。

司法机关对政府及其行政管理机构是否真实执行国家的法律，具有重要的监督职能。

司法监督主要有两种方式：一是检察监督方式，二是审判监督方式。

3. 行政性监督主体及其监督方式

政府作为行政机关，是行政管理的主体，主要行使对公共事务管理的职能，同时也具有行政监督的功能，这种监督一般称为行政系统的内部监督。

（1）作为行政监督主体的行政领导机关及其监督方式。

作为行政监督主体的领导机关对被领导机关的监督（也包括领导者对被领导者的监督），也可称为上级对下级的监督。当然，下级也可对上级进行监督，只是监督方式不同而已。按照行政管理机构的直接上下级关系，实行自上而下的监督。

上级领导对下级的监督方式：一是工作督导方式，二是备案方式，三是行政复议方式。

（2）作为行政监督主体的行政职能部门及其监督方式。

具体的监督方式如下所述。

一是业务督导方式。职能部门作为对某一类业务的主管部门，有责任对其他部门中与其职能相同的业务工作进行督促和指导。

二是业务检查方式。职能部门作为某一类业务的主管部门，还有权力对其他部门中与其职能相同的业务工作进行检查，对检查中发现的问题要求及时改正，甚至依法给予必要的惩处。

4．专职性监督主体及其监督方式

（1）纪检与监察机关及其监督方式。

①中国共产党纪检机关的监督。监督方式主要有：一是巡视检查方式，二是党纪教育方式，三是案件受理和审理方式。

②国家监察机关的监督。监察委员会的监察方式主要有：一是廉政教育和监督检查方式，二是对违法犯罪的调查方式，三是依法处置方式。

（2）作为行政监督主体的审计机关及其监督方式。

审计机关是设在各级政府内部的专门行使对财务管理进行审查监督的机关。审计监督是由专职机构和人员，对被审单位经济活动的合规性、合法性和效益性，以及会计和其他经济资料的真实性、公允性进行独立审查、评价和鉴证的经济监督活动。

政府审计是由政府审计机关依法进行的审计，在我国一般称为国家审计。

我国国家审计机关包括国务院设置的审计署及其派出机构和地方各级人民政府设置的审计厅（局）两个层次。

从世界范围来看，审计监督存在立法审计和行政审计两种类别。英国、美国、加拿大等国的审计法律制度的共同特点是：审计机关直接对议会负责，向议会报告工作，是立法模式的国家审计体制。

我国1983年成立的中华人民共和国审计署，由国务院总理直接领导，依法独立行使审计检察权，是典型的行政审计。

审计机关的监督方式主要有：第一，审计检查方式；第二，审计调查方式；第三，审计建议方式；第四，审计通报方式；第五，审计处理方式。

5．社会性监督主体及其监督方式

（1）作为行政监督主体的公民及其监督方式

在我国，公民监督政府及其行政管理活动的方式主要有：一是公开举报方式，二是控告和申诉方式，三是信访方式。

（2）作为行政监督主体的社会团体及其监督方式

社会团体的监督方式主要有：一是对话和建议方式，二是请愿方式，三是舆论传播方式。

（3）作为行政监督主体的大众传播媒体及其监督方式

大众媒体的监督方式主要有：一是批评性新闻报道方式，二是对负面热点事件的快速曝光方式，三是批评性的新闻评论。

▶ 知识解读

本知识点的考查题型一般为主观题和客观题。

本知识点属于常考知识点，该知识点内容考试都会涉及，同学们应通篇学习本知识点的内容。

▶ 小试牛刀

多选题

我国权力机关的工作监督主要有（　　　　）

　A. 听取和审查同级人民政府的工作报告

　B. 审查和批准同级人民政府提出的国民经济和社会发展规划及其执行情况的报告

　C. 对行政机关提出质询案

　D. 接待信访群众，受理公民对行政机关及其人员的申诉、控告和检举等，并进行处理

　E. 法律监督

答案及解析：ABCD。我国权力机关的工作监督主要指对国家行政机关的行政管理行为进行监督，主要有：听取和审查同级人民政府的工作报告；审查和批准同级人民政府提出的国民经济和社会发展规划及其执行情况的报告；对行政机关提出质询案；开展执法监督检查；接待信访群众，受理公民对行政机关及其人员的申诉、控告和检举等，并进行处理。

法律监督与工作监督是两个并列的概念，非包含关系，故排除。本题答案为ABCD。

论述题

论述专职性监督主体的监督方式。

答案：

专职性监督主体的监督方式如下所述。

（1）中国共产党纪检机关的监督方式主要有：一是巡视检查方式，二是党纪教育方式，三是案件受理和审理方式。

（2）监察委员会的监察方式主要有：一是廉政教育和监督检查方式，二是对违法犯罪的调查方式，三是依法处置方式。

（3）审计机关的监督方式主要有：第一，审计检查方式；第二，审计调查方式；第三，审计建议方式；第四，审计通报方式；第五，审计处理方式。

第九章　行政管理手段

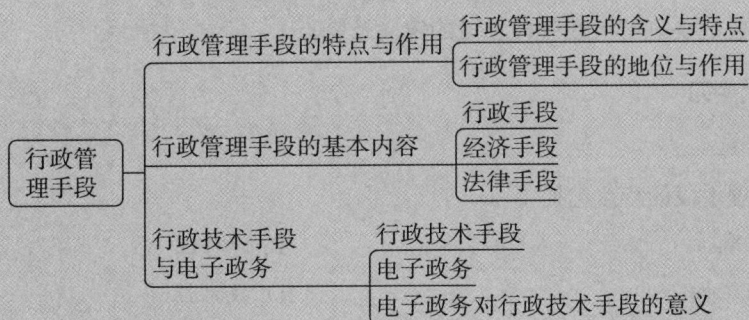

```
                                                    ┌─ 行政管理手段的含义与特点
                           行政管理手段的特点与作用 ─┤
                                                    └─ 行政管理手段的地位与作用

                                                    ┌─ 行政手段
行政管理    ─────────  行政管理手段的基本内容     ─┤  经济手段
手段                                                └─ 法律手段

                                                    ┌─ 行政技术手段
                           行政技术手段           ─┤  电子政务
                           与电子政务               └─ 电子政务对行政技术手段的意义
```

第一节 行政管理手段的特点与作用

知识点 1

▶ **行政管理手段的含义与特点** ☆

1. 行政管理手段的含义

行政管理手段是指在行政管理领域中，行政组织及其行政人员，为开展行政工作和实现行政目标所采取的各种管理措施、手段、办法、技巧等的总和。

2. 行政管理手段的特点

行政管理手段的特点为：实践性、针对性、系统性、技术性。

▶ **知识解读**

本知识点的考查题型一般为客观题。

同学们要理解行政管理手段的定义及特点。

▶ **小试牛刀**

多选题

行政管理手段的特点包括（　　　）

A. 实践性 　　　　　　　　　B. 针对性

C. 系统性 　　　　　　　　　D. 技术性

E. 固化性

答案及解析：ABCD。行政管理手段的特点为：实践性、针对性、系统性、技术性。

知识点 2

▶ **行政管理手段的地位与作用** ☆

行政管理手段的地位与作用如下所述。

（1）行政管理手段是使行政管理思想变为现实状态的中间媒介。

（2）行政管理手段是实现行政功能的重要环节。

（3）行政管理手段是实现行政目标的途径。

▶ **知识解读**

本知识点的考查题型一般为主观题和客观题。

同学们要理解记忆行政管理手段的地位与作用。

▶ **真题小练**

单选题

（2007 年 4 月全国）使行政管理思想转变为现实状态的中间媒介是（　　　）

　　A. 行政管理手段　　　　　　　　B. 行政手段

　　C. 行政技术　　　　　　　　　　D. 行政组织

答案及解析：A。行政管理手段是使行政管理思想变为现实状态的中间媒介。

▶ **小试牛刀**

简答题

简述行政管理手段的作用与地位。

答案：

（1）行政管理手段是使行政管理思想变为现实状态的中间媒介。

（2）行政管理手段是实现行政功能的重要环节。

（3）行政管理手段是实现行政目标的途径。

第二节　行政管理手段的基本内容

知识点 1

▶ **行政手段** ☆☆

　　1. 行政手段的含义

　　行政手段有广义和狭义之分。广义的行政手段与行政管理手段的含义等同；狭义的行政手段，即行政指令手段，它是在实际的行政管理过程中运用得最普遍的行政管理手段，也是非常有效的行政管理手段。行政手段或行政指令手段的实质是通过行政组织中的职位和职务来进行管理。

　　2. 行政手段的主要特征

　　（1）强制性：体现于行政组织体系在思想上、纪律上要服从集中统一的意志，即是说行政主体所发出的命令、规定、条例等都是必须执行的，更有甚者是要求无条件地绝对服从。

　　（2）权威性：行政指令实质上所依靠的是强制性权威，行政职位越高，其权威就越强，所带来的服从度也就越高。

　　（3）层次性：行政手段是根据行政组织的纵向结构自上而下、由大到小逐层进行管理的，行政指令都是直线传递，层层下达。

　　（4）具体性：行政指令的内容和发布的对象都是具体的。不仅如此，一定行政指令只对特定时间和特定对象有效，这种时效性也是具体性的表现，即因事、因时、因地、因人而异。

（5）无偿性：上级行政组织对下级行政组织的人、财、物、技术等的调动和使用不采取等价交换的原则和方式，而是根据工作的需要安排。行政手段的运用，不考虑上下级之间利益的平衡及等价交换，对于服从者的行动不考虑价值补偿，甚至为执行上级的指令，牺牲下级的具体、局部利益也在所不惜，从而显示这种手段的无偿性。

3. 运用行政手段的必要性

（1）行政手段是社会、经济发展的需要。

（2）社会主义市场经济发展需要运用行政手段。

（3）运用行政手段是行政管理本身的要求。

4. 行政手段的利弊

（1）行政手段的优点。

①能使国家政策、法律和上级的意图快速地向下贯彻，有利于行政管理系统的集中统一。

②使行政系统内层层直接控制，各个环节都围绕行政目标统一思想，统一行动，保证政策、法令、决策指令得到迅速贯彻实施。

③上级可以针对下级的工作情况，及时地、灵活地发出各种指令，使行政管理中出现的新情况、新问题得到及时处理，尤其是对一些突发事件的处理，更显示出这种手段灵活、快捷的优点。

（2）行政手段的缺点。

①行政手段以强制性的指令、命令支配下级的行为，下级处在被动服从的状态，长此以往，会压抑下级的积极性和主动性，造成下级对上级的过分依赖。

②另外，过分依赖这种手段，容易造成领导者个人专断，助长家长制、一言堂的不良作风，不利于参与式的民主管理。

③行政手段是以垂直方向传达的，在指示、命令的下行传达过程中容易忽略横向的协调，有可能造成条块之间的矛盾，反过来制约行政系统的高度统一。

5. 运用行政手段的原则

（1）调查研究在先的原则。

（2）坚持具体指导的原则。

（3）思想政治工作优先的原则。

▶ **知识解读**

本知识点的考查题型一般为主观题和客观题。

本知识点属于常考知识点，该知识点内容考试都会涉及，建议同学们通篇学习本知识点内容。

▶▶ 真题小练

单选题

1.（2009 年 7 月全国）行政指令实质上依靠的是（ ）

　　A. 法律　　　　　　　　　　B. 强制性权威

　　C. 道德规范　　　　　　　　D. 行政权力

答案及解析：B。行政指令实质上依靠的是强制性权威，行政职位越高，其权威就越强，所带来的服从度也就越高。

2.（2008 年 7 月全国）行政管理过程中运用最普遍的行政管理手段是（ ）

　　A. 行政手段　　　　　　　　B. 经济手段

　　C. 法律手段　　　　　　　　D. 行为手段

答案及解析：A。行政手段是在实际的行政管理过程中运用得最普遍的行政管理手段，当然也是一种非常有效的行政管理手段。

多选题

1.（2006 年 7 月全国）行政手段的主要特征有（ ）

　　A. 强制性　　　　　　　　　B. 权威性

　　C. 层次性　　　　　　　　　D. 具体性

　　E. 无偿性

答案及解析：ABCDE。行政手段的主要特征包括强制性、权威性、层次性、具体性、无偿性。

2.（2011 年 7 月全国）运用行政手段应遵循的原则主要有（ ）

　　A. 调查研究在先的原则　　　B. 适度原则

　　C. 坚持具体指导的原则　　　D. 思想政治工作优先的原则

　　E. 法治与心治相结合的原则

答案及解析：ACD。运用行政手段应遵循的原则为：调查研究在先的原则；坚持具体指导的原则；思想政治工作优先的原则。

▶▶ 小试牛刀

简答题

简述行政管理中运用行政手段的优点。

答案：

行政管理中运用行政手段的优点如下所述。

（1）能使国家政策、法律和上级的意图快速地向下贯彻，有利于行政管理系统的集中统一。

（2）使行政系统内层层直接控制，各个环节都围绕行政目标统一思想，统一行动，保证政策、法令、决策指令得到迅速贯彻实施。

（3）上级可以针对下级的工作情况，及时地、灵活地发出各种指令，使行政管理中出现的新情况、新问题得到及时处理，尤其是对一些突发事件的处理，更显示出这种手段灵活、快捷的优点。

知识点 **2**

▶ **经济手段**☆☆☆

1. 经济手段的含义

经济手段是行政机关运用经济杠杆调节和影响管理对象，对被管理者加以引导和控制的管理手段。

2. 经济手段的特点

（1）利益性。

经济手段的核心是物质利益。它以物质利益为基础，将人们对物质利益的要求转化为工作动力。

（2）有偿性。

经济手段要求人们获取经济利益要以劳动的付出为代价，而经济利益的获得又是社会或国家通过管理者对人们付出劳动所做的补偿。

（3）平等性。

经济手段承认各社会组织之间和公民个人之间获得经济利益的权利是平等的，问题在于如何实现权利。

（4）间接性。

经济手段对组织和个人行为的调节和影响，并不是采取直接干预的手段，而是通过对物质利益的调节来间接影响，靠物质利益的变化来支配组织和个人的行为。

3. 运用经济手段的原则

（1）适度原则。

（2）与法治相结合的原则。

（3）与思想政治教育相结合的原则。

▶ **知识解读**

本知识点的考查题型一般为主观题和客观题。

本知识点属于常考知识点，该知识点内容考试会涉及，建议同学们通篇学习本知识点内容。

▶ **真题小练**

单选题

1.（2009年4月全国）行政管理中经济手段的核心是（　　　）

　A. 物质利益　　　　　B. 精神利益　　　　　C. 经济政策　　　　　D. 职权诱惑

答案及解析：A。行政管理中经济手段的核心是物质利益。

2．（2011年4月全国）行政机关运用经济杠杆调节和影响管理对象，对被管理者加以引导和控制的管理手段是（　　　）

　A. 行政手段　　　　　　　　　　B. 法律手段

　C. 经济手段　　　　　　　　　　D. 行为手段

答案及解析：C。经济手段就是行政机关运用经济杠杆调节和影响管理对象，对被管理者加以引导和控制的管理手段。

▶ **小试牛刀**

简答题

简述行政管理中应用经济手段的原则。

答案：行政管理中运用经济手段的原则有适度原则、与法治相结合的原则和与思想政治教育相结合的原则。

知识点 **3**

▶ **法律手段☆☆**

　1．法律手段的含义

　法律手段是指行政机关运用各种法律手段实施行政管理的手段。

　2．法律手段的特点

　（1）权威性。

　（2）强制性。

　（3）规范性。

　（4）稳定性。

　3．运用法律手段的原则

　（1）法制教育优先的原则。在行政管理中运用法律手段，首先必须要加强法制教育，使被管理对象知法、懂法。

　（2）法律面前人人平等原则。

　（3）法治与德治相结合的原则。

▶ **知识解读**

　本知识点的考查题型一般为客观题。

　本知识点属于常考知识点，该知识点内容考试都会涉及，建议同学们通篇学习本知识点内容。

▶ **真题小练**

单选题

（2008 年 7 月全国）在行政管理中运用法律手段，首先必须加强（　　　）

　　A. 思想教育　　　　　　　　　　B. 奖惩制度

　　C. 法制教育　　　　　　　　　　D. 文化教育

答案及解析：C。在行政管理中运用法律手段，首先必须要加强法制教育，使被管理对象知法、懂法。

▶ **小试牛刀**

多选题

1. 运用法律手段应遵循的基本原则有（　　　）

　　A. 法制教育优先的原则　　　　　B. 坚持具体指导的原则

　　C. 思想政治工作优先的原则　　　D. 法治与德治相结合的原则

　　E. 法律面前人人平等的原则

答案及解析：ADE。运用法律手段的原则为：法制教育优先的原则；法律面前人人平等的原则；法治与德治相结合的原则。

2. 法律手段的主要特点有（　　　）

　　A. 权威性　　　　　　　　　　　B. 规范性

　　C. 稳定性　　　　　　　　　　　D. 有偿性

　　E. 强制性

答案及解析：ABCE。法律手段的特点有权威性、强制性、规范性、稳定性。

第三节　行政技术手段与电子政务

知识点 **1**

▶ **行政技术手段**☆

　　1. 行政技术手段的含义

　　行政技术手段主要是指运用自然科学与工程科学的技术来解决行政管理问题的技能和方法。目前广泛运用于行政管理的技术主要有：预测技术，规划技术，信息技术和办公自动化技术等。

　　2. 行政技术手段的特点

　　（1）具有硬科学的属性。

（2）具有定量化的属性。

3．行政技术手段的优点

（1）极大地提高了行政管理的效率。

（2）极大地提高了行政管理的精确性、准确性。

4．运用行政技术手段的原则

（1）与现代科学技术发展水平相适应的原则。

（2）与当地政府经济发展水平相适应的原则。

（3）与当地公众科技能力和认知水平相适应的原则。

▶ **知识解读**

本知识点考查的题型一般为主观题和客观题。

同学们要理解行政技术手段的含义、特点及运用原则。

▶ **小试牛刀**

多选题

行政技术手段的特点包括（　　　）

　A．具有硬科学的属性　　　　　　　B．软科学属性明显

　C．具有定量化的属性　　　　　　　D．模糊性严重

　E．定性方法很明显

答案及解析：AC。行政技术手段的特点：（1）具有硬科学的属性。（2）具有定量化的属性。

口诀：行政技术二属性，定量化硬科学。选项BDE都表述错误，故本题答案为AC。

简答题

简述运用行政技术手段的原则。

答案：

运用行政技术手段的原则如下所述。

（1）与现代科学技术发展水平相适应的原则。

（2）与当地政府经济发展水平相适应的原则。

（3）与当地公众科技能力和认知水平相适应的原则。

知识点 2

▶▶ **电子政务☆**

1．电子政务的概念

电子政务，就是政府机构应用现代信息和通信技术，将管理和服务通过网络技术进行集成，在互联网上实现政府组织结构和工作流程的优化重组，超越时间和空间及部门之间

的分隔限制，向社会提供优质的、便捷的、规范透明的、符合国际水准的管理和服务。

2．电子政务应符合的三个基本条件

第一，电子政务是基于电子信息化硬件系统、数字网络技术和相关软件技术的综合服务系统。

第二，电子政务是处理与政府有关的公开事务、内部事务的综合系统。

第三，电子政务是新型的、先进的、革命性的政务管理系统。

3．电子政务的特点

（1）在电子政务的概念中，核心内容是政务，即政府的两大职能——管理和服务，信息技术是辅助实现管理和服务的手段，政务和电子两者之间的关系不能颠倒。

（2）电子政务是对政府组织结构和流程的优化和重组，而不是简单的流程电子化。

（3）电子政务提供跨越空间、时间和部门限制的沟通和协作渠道，用于提高政府的管理水平和服务水平。

（4）电子政府必须是规范、透明、符合国际标准的，它要求政府面向全球转变职能，符合国际化的规范。

4．电子政务的内容

（1）政府间的电子政务。

政府间的电子政务主要包括电子法规政策系统、电子公文系统、电子司法档案系统、电子财政管理系统、电子办公系统、电子培训系统、业绩评价系统。

（2）政府对企业的电子政务。

政府对企业的电子政务主要包括电子采购与招标、电子税务、电子证照办理、信息咨询服务、中小企业电子服务。

（3）政府对公民的电子政务。

政府对公民的电子政务主要包括教育培训服务、就业服务、电子医疗服务、社会保险网络服务、公民信息服务、交通管理服务、公民电子税务、电子证件服务。

5．电子政务的功能

（1）能够简化行政环节和程序，提高行政效率，降低行政成本。

（2）能够提高行政透明度，方便公众监督，有利于廉政、勤政建设。

（3）有利于行政管理模式从管制型向服务型转变。（电子政务可以打破原有的行政管理方式，传统的金字塔式组织结构将改变成扁平化的网络结构。）

（4）有利于整合政务信息资源，发挥其巨大的社会效益和经济效益。

6．中国电子政务的发展及趋势

（1）初期缓慢发展主要表现在两个方面。

①20世纪80年代末期，中央和地方党政机关所开展的办公自动化（OA）工程，建立

了各种纵向和横向的内部信息办公网络，为利用计算机和通信网络技术奠定了基础。

②1993年底启动的"三金工程"是中央政府主导的以政府信息化为特征的系统工程，重点是建设信息化的基础设施，为重点行业和部门传输数据和信息。

（2）进入新千年之后，电子政务开始向更高层次发展。

①许多地方政府都将国民经济和社会信息化作为"十五"规划的重要内容，一些沿海城市提出建设数字化城市或数码港计划，其中电子政务的建设是数字化城市建设的核心内容之一。有些地方政府明确地提出了建设电子政务的时间表。

②专业化的政府服务网站日益增多，服务内容更加丰富，功能不断增强，互动性得到很大提高。

▶ **知识解读**

本知识点的考查题型一般为客观题。

同学们要了解中国电子政务的发展及趋势。

▶ **小试牛刀**

单选题

在电子政务的概念中，核心内容是（　　　　）

　A. 电子技术　　　　　　　　　　B. 硬件系统

　C. 政务　　　　　　　　　　　　D. 软件系统

答案及解析：C。在电子政务的概念中，核心内容是政务，即政府的两大职能——管理和服务，信息技术是辅助实现管理和服务的手段。

知识点 ❸

▶ **电子政务对行政技术手段的意义** ☆

电子政务对行政技术手段的意义体现在三个方面。

（1）电子政务有助于改善现有行政技术手段的信息基础和信息通信手段。

（2）电子政务有助于创立全新的行政技术手段和行政措施。

（3）电子政务为全面实现行政管理的自动化、信息化提供了技术手段。

▶ **知识解读**

本知识点的考查题型一般为主观题。

同学们要理解记忆电子政务对行政技术手段的意义。

▶ **小试牛刀**

简答题

简述电子政务对行政技术手段的意义。

答案：

电子政务对行政技术手段的意义如下所述。

（1）电子政务有助于改善现有行政技术手段的信息基础和信息通信手段。

（2）电子政务有助于创立全新的行政技术手段和行政措施。

（3）电子政务为全面实现行政管理的自动化、信息化提供了技术手段。

第十章 行政管理规范

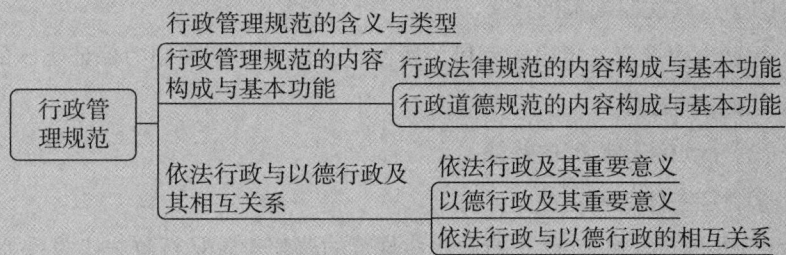

行政管理规范 ── 行政管理规范的含义与类型

行政管理规范的内容构成与基本功能 ── 行政法律规范的内容构成与基本功能

行政道德规范的内容构成与基本功能

依法行政与以德行政及其相互关系 ── 依法行政及其重要意义

以德行政及其重要意义

依法行政与以德行政的相互关系

第一节 行政管理规范的含义与类型

知识点

▶ 行政管理规范的含义与类型 ☆ ☆

行政管理规范是指由社会约定俗成或由国家机关明文规定的，要求国家行政机关及其工作人员在有效履行各项行政管理职能、行使国家行政权力的过程中应该遵守的各种行为规范、准则的集合。可从下面几个方面理解行政管理规范的含义：①行政管理规范的实质是一种约束或限制。②行政管理规范的约束对象是各种行政权力及其行使过程，也就是各种行政行为。③行政管理规范的存在有其明确的目的性。④行政管理规范的存在形式或说表现形式是各种行为标准的集合。行政管理规范可分为行政法律规范和行政道德规范。

1. 行政法律规范

（1）行政法律规范的含义。

行政法律规范是指由国家机关所制定的，由国家强制力保证实施的有关行政管理的各种法律规范的总称。

（2）行政法律规范的特征。

①制定主体的特定性。

②调整对象的特定性（行政法律规范的调整对象是行政法律关系）。

③效力上的权威性、强制性与普遍适用性。

④行政法律规范类型的多样性与效力等级上的层级性。

⑤行政法律规范的相对稳定性。

2. 行政道德规范

（1）行政道德规范的含义。

行政道德规范或行政道德是指国家行政机关及其工作人员在行使国家行政权力、管理社会公共事务与行政机关内部事务和提供公共服务过程中，应当遵循的具有行政职业特征的、调整行政管理主客体之间以及主体之间各种关系的道德准则与道德规范的统称。

（2）行政道德规范的基本特征。

①政治性。全心全意为民众服务构成现代民主国家行政道德规范的最高道德准则；忠于政府、忠于国家与人民的意志和利益要求、勤政为民，构成行政道德规范的核心内容和最基本道德规范要求。

②自律性。自律性是行政道德与一般道德的共性之一，也是行政道德规范区别于行政法律规范的基本属性。

③相对稳定性。行政道德规范的稳定性是相对的。

知识解读

本知识点的考查题型一般为客观题。

同学们要着重理解行政法律规范和行政道德规范的含义，理解记忆行政法律规范的五个特征、行政道德规范的三个基本特征。

真题小练

单选题

1.（2015年4月全国）行政法律规范调整的对象是（　　）

　　A. 行政人员 　　　　　　　　　　B. 行政机构

　　C. 行政手段 　　　　　　　　　　D. 行政法律关系

答案及解析：D。行政法律规范的调整对象是行政法律关系。

2.（2017年4月全国）现代民主国家行政道德规范的最高道德准则是（　　）

　　A. 廉洁 　　　　　　　　　　　　B. 全心全意为民众服务

　　C. 实事求是 　　　　　　　　　　D. 节约

答案及解析：B。全心全意为民众服务构成现代民主国家行政道德规范的最高道德准则；忠于政府、忠于国家和人民的意志和利益要求、勤政为民，构成行政道德规范的核心内容和最基本道德规范要求。

小试牛刀

单选题

行政道德规范区别于行政法律规范的基本属性是（　　）

　　A. 自律性 　　　　　　　　　　　B. 政治性

　　C. 相对稳定性 　　　　　　　　　D. 权威性

答案及解析：A。自律性是行政道德与一般道德的共性之一，也是行政道德规范区别于行政法律规范的基本属性。

第二节　行政管理规范的内容构成与基本功能

知识点 1

行政法律规范的内容构成与基本功能☆☆

1. 行政法律规范的内容构成

（1）宪法。宪法是国家的根本大法，也是一切公共权力行为的最基本依据。

（2）法律。在这里，法律是特指由国家立法机关制定的有关行政管理的各种法律规范的总和。

（3）行政法规与行政规章。

在我国，宪法授予国务院制定行政法规的权力，并授予国务院各部、委员会、中国人民银行、审计署和具有行政管理职能的直属机构以制定行政规章的权力。行政法规是从狭义意义上来界定的，指的是中央行政机关制定的法律规范；而行政规章则指中央政府各职能部门制定的法律规范。

（4）地方性法规、规章、自治条例和单行条例。

在我国，根据宪法与地方各级人民代表大会和各级人民政府组织法的规定，省（自治区、直辖市）的人民代表大会及其常务委员会以及设区的市的人民代表大会及其常务委员会有权制定地方性法规；省（自治区、直辖市）以及设区的市的人民政府可以制定地方性规章；民族自治地方的人民代表大会有权制定自治条例和单行条例。

（5）法律解释与国际条约。

法律解释是指对上述行政法律规范具有法定解释权的有关国家机关对有关法律作出的、有法律约束力的立法性解释和说明。一国政府所签订、加入或承认的国际条约，其中有些涉及国家行政权力及其运行，如各种关税管理协定、有关行政管辖权以及行政公共关系的国际公约等，这些条约在缔约国境内同样具有法律规范功能，因而也成为一国行政法律规范的组成部分。

2. 行政法律规范的基本功能

（1）规范与控制功能。这是行政法律规范最基本的功能。

（2）组织与调节功能。行政系统作为一种复杂的公共权力组织系统，同时也是一个大型协作系统。这就需要系统的组成部分之间具有明确、合理、规范化的专业化分工与合作体制。行政法律规范正是这种体制得以形成的制度前提和保障。

（3）改革与稳定功能。行政法律规范体系作为国家意志的制度化体现形式，一方面，行政法律规范对必要的行政改革而言构成一种制度保障与推动力量；另一方面，一旦改革取得进展，它一般会以法律规范的形式予以制度化。与此同时，行政法律规范还有一个重要功能，就是维护行政系统的稳定性。

▶ **知识解读**

本知识点的考查题型一般为客观题。

本知识点属于常考知识点，该知识点内容考试都会涉及，建议同学们通篇学习本知识点内容。

▶ **真题小练**

单选题

1.（2008年7月全国）在我国，行政规章制定权属于（　　）

　　A.国务院　　　　　　　　　　B.国务院各部委

　　C.省级人民政府　　　　　　　D.全国人民代表大会

答案及解析：B。在我国，宪法授予国务院制定行政法规的权力，并授予国务院各部、委员会、中国人民银行、审计署和具有行政管理职能的直属机构以制定行政规章的权力。所以我国部门规章制定权属于国务院各部、委。

2.（2013年7月全国）在我国，自治条例和单行条例的制定权属于（　　）

　　A.直辖市人民代表大会　　　　B.特别行政区政府

　　C.居委会、村委会等基层群众自治组织　　D.民族自治地方的人民代表大会

答案及解析：D。在我国，根据宪法与地方各级人民代表大会和各级人民政府组织法的规定，省（自治区、直辖市）的人民代表大会及其常务委员会以及设区的市的人民代表大会及其常务委员会有权制定地方性法规；省（自治区、直辖市）以及设区的市的人民政府可以制定地方性规章；民族自治地方的人民代表大会有权制定自治条例和单行条例。

3.（2008年7月全国）行政法律规范最基本的功能是（　　）

　　A.组织与调节功能　　　　　　B.规范与控制功能

　　C.改革与稳定功能　　　　　　D.服务与保障功能

答案及解析：B。规范与控制功能是行政法律规范最基本的功能。

4.（2008年4月全国）行政系统的专业化分工与合作体制得以形成的制度前提与保障是（　　）

　　A.行政管理依据　　　　　　　B.行政管理原则

　　C.行政道德规范　　　　　　　D.行政法律规范

答案及解析：D。行政系统作为一种复杂的公共权力组织系统，同时也是一个大型协作系统。这就需要系统的组成部分之间具有明确、合理、规范化的专业化分工与合作体制。行政法律规范正是这种体制得以形成的制度前提与保障。

▶ **小试牛刀**

多选题

行政法律规范的基本功能有（　　）

　　A.组织与调节功能　　　　　　B.规范与控制功能

　　C.自我调节功能　　　　　　　D.示范与激励功能

　　E.改革与稳定功能

答案及解析：**ABE**。行政法律规范的基本功能有规范与控制功能、组织与调节功能、改革与稳定功能。

知识点 **2**

▶ **行政道德规范的内容构成与基本功能** ☆☆

1. 行政道德规范的内容构成

总体上，就内容结构而言，行政道德体系可以分成行政道德准则与行政道德具体规范两个部分。

（1）行政道德准则的含义。

行政道德准则是行政道德体系中的根本准则，它是特定行政道德体系的实质与根本所在，体现了特定行政管理系统的基本价值追求。因此，它既是行政道德体系的灵魂，贯穿于整个行政道德体系各个层面与运行过程，也是把特定行政道德体系与其他道德体系区分开来的关键与根本依据。作为一个社会主义国家，我国行政道德体系最基本的准则是"为人民服务"。

（2）行政道德具体规范。

行政道德具体规范的内容十分丰富，但主要体现在以下五个方面。

①勤政。这是行政职业道德的核心规范，也是为人民服务准则的基本规范要求。

②廉政。也就是国家行政人员要廉洁奉公，清白从政。

③遵纪守法，依法行政。法纪为国之纲本。

④实事求是，科学行政。实事求是，一切从事实出发，按照客观规律行使行政权力，从而实现科学行政，是国家行政机关和行政工作人员在履行公务时应该遵循的一项基本道德规范。

⑤热情待人，协调行政。热情待人，形成协调一致的行政组织关系与行政公共关系，是行政道德规范的基本要求之一。

2. 行政道德规范的基本功能

（1）导向和约束功能。

（2）自我调节功能。

（3）示范与激励功能。

▶ **知识解读**

本知识点的考查题型一般为主观题和客观题。

本知识点属于常考知识点，该知识点内容考试都会涉及，建议同学们通篇学习本知识点内容。

▶▶ **真题小练**

单选题

1.（2009 年 4 月全国）行政职业道德的核心规范是（　　）

　　A. 廉政　　　　　　　　　　　　B. 守法

　　C. 勤政　　　　　　　　　　　　D. 德政

答案及解析：C。勤政是行政职业道德的核心规范，也是为人民服务准则的基本规范要求。

2.（2007 年 7 月全国）我国行政道德体系的最基本的准则是（　　）

　　A. 为上级服务　　　　　　　　　B. 为人民服务

　　C. 遵纪守法　　　　　　　　　　D. 实事求是

答案及解析：B。作为社会主义国家，我国行政道德体系最基本的准则是"为人民服务"。

3.（2014 年 4 月全国）贯穿于整个行政道德体系各个层面与运行过程，又是行政道德体系灵魂的是（　　）

　　A. 行政道德主体　　　　　　　　B. 行政道德准则

　　C. 行政道德观念　　　　　　　　D. 行政道德水平

答案及解析：B。行政道德准则既是行政道德体系的灵魂，贯穿于整个行政道德体系各个层面与运行过程，也是把特定行政道德体系与其他道德体系区分开来的关键与根本依据。

多选题

1.（2009 年 7 月全国）行政道德具体规范的主要内容有（　　）

　　A. 勤政　　　　　　　　　　　　B. 廉政

　　C. 遵纪守法，依法行政　　　　　D. 实事求是，科学行政

　　E. 热情待人，协调行政

答案及解析：ABCDE。行政道德具体规范包括：勤政；廉政；遵纪守法，依法行政；实事求是，科学行政；热情待人，协调行政。

2.（2009 年 4 月全国）行政道德规范的基本功能有（　　）

　　A. 导向和约束功能　　　　　　　B. 规范与控制功能

　　C. 示范与激励功能　　　　　　　D. 平衡制约功能

　　E. 自我调节功能

答案及解析：ACE。行政道德规范的基本功能有：导向和约束功能；自我调节功能；示范与激励功能。

▶▶ **小试牛刀**

简答题

简述我国行政道德的具体规范。

答案：

行政道德具体规范有：勤政；廉政；遵纪守法，依法行政；实事求是，科学行政；热情待人，协调行政。

第三节　依法行政与以德行政及其相互关系

知识点 ①

▶▶ **依法行政及其重要意义** ☆☆

1. 依法行政的含义

依法行政，是近代民主国家与公共行政意识产生之后逐步形成的一种公共行政原则与社会管理模式，也是我国近些年来行政管理发展的基本价值模式或方向。

依法行政，又称行政管理法制化或行政法治，可以从以下几方面理解依法行政的概念。

（1）依法行政是一种民主宪政原则。

（2）依法行政是一种行政管理模式。

（3）法律规范的规范性或约束性作用始终是依法行政的精髓所在。

2. 依法行政的基本内容

（1）行政管理意识的法制化。

行政管理意识的法制化其实是要求建立与依法行政模式相适应的行政文化环境与行政组织风气。

（2）行政职权的法定化。

行政职权的法定化就是指行政机关及其工作人员的职能范围、权限大小与关系都要有法律规范的明确授予与规定。

（3）行政编制的法定化。

行政编制的法定化也就是指行政机关的设立、机构规模、人员定额等编制内容都应该有明确的法律规定。

（4）行政程序的法定化。

行政程序是行政机关与行政人员在行使行政权力、履行行政管理职能过程中所遵循的一系列具有时间上的衔接性的行为步骤、方式与过程的集合。

（5）行政责任的法定化。

依法行政模式要求在法律规范上明确体现权责一致原则，即通过各种行政法律规范的形式对行政机关及其工作人员由于没有履行法定职责和义务应该承担的行政与法律责任作出明确、具体的规定，这就是行政责任法定化。

3. 依法行政的作用与意义

（1）依法行政是现代国家民主，尤其是行政管理民主发展的前提与保证。

（2）依法行政是市场经济发展的客观要求与保证。

（3）依法行政是控制行政权力膨胀趋势的必然选择。

（4）依法行政是推进与深化行政管理改革的有效途径。

▶ **知识解读**

本知识点的考查题型一般为主观题和客观题。

本知识点属于常考知识点，该知识点内容考试都会涉及，建议同学们通篇学习本知识点内容。

▶ **真题小练**

单选题

1.（2007年7月全国）行政机关的职能范围、权限大小与关系都要有法律规范的明确授予与规定，这是指（　　）

　A. 行政职权的法定化　　　　　　B. 行政编制的法定化

　C. 行政程序的法定化　　　　　　D. 行政责任的法定化

答案及解析：A。行政职权的法定化就是指行政机关及其工作人员的职能范围、权限大小与关系都要有法律规范的明确授予与规定。

2.（2017年4月全国）我国近些年来行政管理发展的基本价值模式或方向是（　　）

　A. 依法行政　　　　　　　　　　B. 人治行政

　C. 官本位行政　　　　　　　　　D. 集权行政

答案及解析：A。依法行政或说行政法治，是近代民主国家与公共行政意识产生之后逐步形成的一种公共行政原则与社会管理模式，也是我国近些年来行政管理发展的基本价值模式或方向。

▶ **小试牛刀**

简答题

1. 简述依法行政的基本内容。

答案：依法行政的基本内容包括：行政管理意识的法制化；行政职权的法定化；行政编制的法定化；行政程序的法定化；行政责任的法定化。

2. 简述依法行政的作用与意义。

答案：依法行政的作用与意义体现在四个方面。

（1）依法行政是现代国家民主，尤其是行政管理民主发展的前提与保证。

（2）依法行政是市场经济发展的客观要求与保证。

（3）依法行政是控制行政权力膨胀趋势的必然选择。

（4）依法行政是推进与深化行政管理改革的有效途径。

知识点 2

▶ **以德行政及其重要意义** ☆

1. 以德行政的含义

以德行政是德治在行政管理系统及其运行过程中的体现，是国家行政机关和行政人员在行使行政权力、履行行政管理职能过程中，其思想和行为必须受到行政道德规范的约束、按照行政道德准则和具体的行政道德规范文明行政的一种行政管理模式。

2. 以德行政的内容

以德行政的基本内容如下所述。

（1）行政机关和行政人员要以德修身。

（2）行政机关和行政人员要以德服众。

（3）行政机关和行政人员要以德行政，行德政。

（4）建立与形成良好的社会道德环境。

3. 以德行政的重要意义

（1）以德行政有助于行政管理活动的规范化、合理化。

（2）以德行政有助于增强行政管理者的责任意识。

（3）以德行政有助于社会风气的优化。

▶ **小试牛刀**

多选题

下列选项中属于以德行政的基本内容的是（　　　　）

A. 行政机关和行政人员要以德修身

B. 行政机关和行政人员要以德服众

C. 行政机关和行政人员要以德行政，行德政

D. 建立与形成良好的社会道德环境

E. 行政机关和行政人员要信奉性恶论

答案及解析：ABCD。以德行政的基本内容包括：行政机关和行政人员要以德修身；行政机关和行政人员要以德服众；行政机关和行政人员要以德行政，行德政；建立与形成良好的社会道德环境。

知识点 3

依法行政与以德行政的相互关系☆☆☆

1. 依法行政与以德行政之间的区别

（1）形成的理论依据不同。纯粹的法制观念是建立在性恶论这一伦理哲学基础之上的。以韦伯为代表的近现代西方行政学者构建了以规范化、法制化、非人格化为基本特征的现代官僚政府体制，其核心价值就是要实现依法行政。与此不同的是，现代行政伦理学，乃至于传统的德政思想却抱有更为乐观的人性观点。中国传统的德政、德治观正是建立在"人之初，性本善"这一性善论基础之上的。

（2）运行的手段与内容不同。

（3）运行机制的不同。

（4）运行后果的表现形式及效果不同。

2. 依法行政与以德行政之间的联系

（1）对行政权力以及行政行为的规范性或约束性作用是依法行政与以德行政的共同精髓所在。

（2）实现责任行政是依法行政与以德行政的共同目标。

（3）依法行政与以德行政具有一些共同的基本功能。

（4）依法行政是行政管理的基石，以德行政是依法行政的补充。

知识解读

本知识点的考查题型一般为客观题。

同学们要理解记忆依法行政与以德行政之间的关系。

真题小练

单选题

（2012年7月全国）中国传统德治观的理论基础是（　　　）

　A. 性恶论　　　　　　　　　　　　B. 唯物论

　C. 性善论　　　　　　　　　　　　D. 唯神论

答案及解析：C。中国传统德治观的理论基础是性善论。

多选题

（2015年10月全国）依法行政与以德行政的区别包括（　　　）

　A. 形成的理论依据不同　　　　　　B. 运行的内容不同

　C. 运行的手段不同　　　　　　　　D. 运行机制的不同

　E. 运行后果的表现形式及效果不同

答案及解析：ABCDE。依法行政与以德行政之间的区别主要表现在：形成的理论依据不同；运行的手段与内容不同；运行机制的不同；运行后果的表现形式及效果不同。

▶▶ 小试牛刀

简答题

简述依法行政与以德行政的相互联系。

答案：依法行政与以德行政的相互联系如下所述。

（1）对行政权力以及行政行为的规范性或约束性作用是依法行政与以德行政的共同精髓所在。

（2）实现责任行政是依法行政与以德行政的共同目标。

（3）依法行政与以德行政具有一些共同的基本功能。

（4）依法行政是行政管理的基石，以德行政是依法行政的补充。

第十一章 行政绩效评估

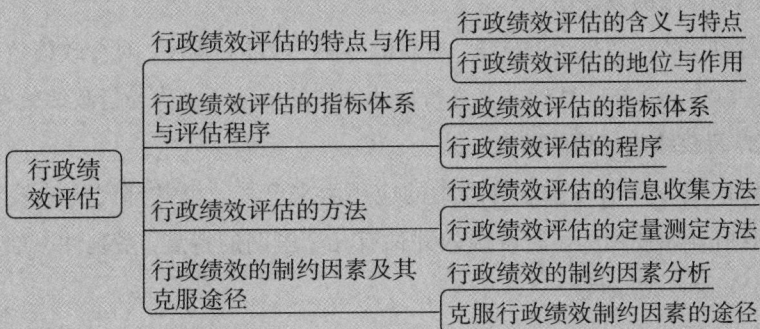

行政绩效评估

- 行政绩效评估的特点与作用
  - 行政绩效评估的含义与特点
  - 行政绩效评估的地位与作用
- 行政绩效评估的指标体系与评估程序
  - 行政绩效评估的指标体系
  - 行政绩效评估的程序
- 行政绩效评估的方法
  - 行政绩效评估的信息收集方法
  - 行政绩效评估的定量测定方法
- 行政绩效的制约因素及其克服途径
  - 行政绩效的制约因素分析
  - 克服行政绩效制约因素的途径

第一节　行政绩效评估的特点与作用

知识点 **1**

▶ **行政绩效评估的含义与特点**☆☆

1.行政绩效评估的含义

（1）绩效。

"绩效"也称"业绩""成绩""效果"等，指的是个人或组织开展的活动所取得的成就或产生的积极效果。

（2）行政绩效。

行政绩效是行政机关利用法律、政策等手段进行社会管理活动和自身管理活动所取得的工作成就以及积极效果。

（3）行政绩效评估。

行政绩效评估是运用科学、客观的方法、标准和程序，对行政绩效信息进行收集、整理、归纳、总结，并在此基础之上进行整体评估的活动，也称为行政绩效考核。

2.行政绩效评估的特点

组织绩效评估在企业管理中的应用由来已久。公共部门的绩效考核主要是从美国的地方政府开始使用的。行政绩效评估有几个鲜明的特点：系统性、层次性、定量性、综合性、公正性、复杂性。

▶ **知识解读**

本知识点的考查题型一般为客观题。

同学们要理解记忆绩效、行政绩效、行政绩效评估的含义，掌握行政绩效评估的特点。

▶ **真题小练**

单选题

1.（2012年7月全国）个人或组织开展的活动所取得的成就或产生的积极效果是（　　）

　　A.效率　　　　　　　　B.绩效　　　　　　　　C.奖励　　　　　　　　D.目标

答案及解析：B。"绩效"也称"业绩""成绩""效果"等，指的是个人或组织开展的活动所取得的成就或产生的积极效果。

2.（2011年7月全国）行政机关利用法律、政策等手段进行社会管理活动和自身管理活动所取得的工作成就以及积极效果是（　　）

　　A.行政绩效　　　　　　B.行政效率　　　　　　C.行政效益　　　　　　D.行政效果

答案及解析：A。行政绩效是行政机关利用法律、政策等手段进行社会管理活动和自身管理活动所取得的工作成就以及积极效果。

▶ **小试牛刀**

单选题

最先开始进行公共部门绩效考核的国家是（　　　　）

　A．英国　　　　　　　　B．法国　　　　　　　　C．美国　　　　　　　　D．德国

答案及解析：C。最先开始进行公共部门绩效考核的国家是美国。

知识点 **2**

▶ **行政绩效评估的地位与作用** ☆☆☆

行政绩效评估的作用和功能主要体现在六个方面。

（1）责任落实作用。

（2）比较优化作用。

（3）计划辅助作用。

（4）监控支持作用。

（5）民主教育作用。

（6）吸引资源作用。

▶ **知识解读**

本知识点的考查题型一般为主观题和客观题。

同学们要着重理解记忆行政绩效评估的地位与作用。

▶ **小试牛刀**

简答题

试述行政绩效评估的作用和功能。

答案：行政绩效评估的作用和功能主要体现在六个方面。

（1）责任落实作用。

（2）比较优化作用。

（3）计划辅助作用。

（4）监控支持作用。

（5）民主教育作用。

（6）吸引资源作用。

第二节　行政绩效评估的指标体系与评估程序

知识点 1

▶ **行政绩效评估的指标体系** ☆ ☆

1. 行政绩效评估的指标体系的含义

行政绩效评估是运用不同的指标来衡量政府绩效的过程，因此，确立评估的指标体系是评估活动的基础和核心。行政绩效评估的指标体系，是指行政组织根据一定的价值准则所设定的作为衡量行政绩效高低的一系列数据、标准的总和。

2. 根据不同的标准，对行政绩效评估的指标体系可作不同的分类

（1）根据行政绩效的内容性质分类，行政绩效评估的指标可分为经济发展指标、社会发展指标、政治发展指标。

①经济发展指标。一般来说，一国的行政经济绩效主要是指宏观经济发展水平，主要指标有人均国民收入水平、人均国民收入的增长率、社会就业率、进出口总额等。

②社会发展指标。社会绩效是在经济发展基础上的社会全面进步。社会发展指标主要包括社会教育事业发展指标、社会卫生健康事业发展指标、环境保护指标、社会治安和事故指标。

③政治发展指标。在市场经济条件下，政治绩效经常表现为制度安排和制度创新。政治发展指标主要包括行政机构管理指标、行政决策指标。

经济发展在整个行政绩效体系中发挥基础作用。社会发展是行政绩效体系中的价值目标，没有社会全面发展，经济发展也将失去意义。政治发展是整个行政绩效体系的中枢与核心，为实现经济发展和社会发展提供制度和法律保证。

（2）根据评估的方法划分，行政绩效评估也有若干类指标。

学者芬维克认为行政绩效评估包括三个层面：经济（economy）、效率（efficiency）和效益（effectiveness），即著名的 3E 指标。学者弗莱恩在此基础上加上了公平（equity）指标，成为 4E。

①经济评估指标，即成本评估指标，一般指组织投入到管理项目中的资源水准。

②效率评估指标。效率指标要测定的是"行政机关在既定时间内，预算投入究竟产生了什么样的结果"。一般来说，行政效率与行政投入呈反比关系，在行政产出一定的情形下，行政投入越高，行政效率越低；反之，行政效率越高。而行政产出与行政效率则呈正比关系，在行政投入一定的情形下，行政产出越高，行政效率越高。效率评估主要测定产出与投入的关系。

③效益评估指标。效益评估关注的是组织工作的质和社会效果，也就是行政管理的有效性。

④公平评估指标。公平指标通常是指接受行政机关服务的团体或个人所获得的公正性，一般无法由市场经济自身自发解决。公共行政学者弗雷德里克森曾经提出社会公平的复合理论，认为社会公平可以分为下列类型。

• 单纯的个人公平，指一对一的个人公平关系。

• 分部化的公平，指同一类别下的公平关系，这是基本分工所造成的实际公平。

• 集团性的公平，指团体或次级团体所要求的公平。

• 机会公平，每个人的天赋不同，后天的发展也不同，但如果两人都有相同的机会参与竞争某行政职位，就是机会平等。

• 代际公平，指这一代与未来一代之间的公平。

▶ **知识解读**

本知识点的考查题型一般为客观题和主观题。

同学们要理解行政绩效评估的指标体系的含义；理解记忆按不同的标准，行政绩效评估的指标体系的不同分类。

▶ **真题小练**

单选题

1.（2013年7月全国）在行政产出一定的情形下，行政效率与行政投入呈现（ ）

　A. 反比关系　　　　　　　　　　　B. 正比关系

　C. 相关关系　　　　　　　　　　　D. 不相关关系

答案及解析：A。在行政产出一定的情形下，行政效率与行政投入呈现反比关系。

2.（2012年4月全国）根据社会公平的复合理论，分部化的公平是指（ ）

　A. 一对一的个人公平关系　　　　　B. 上一代与下一代之间的公平关系

　C. 同一类别下的公平关系　　　　　D. 团体或次级团体所要求的公平

答案及解析：C。分部化的公平指同一类别下的公平关系。

3.（2014年7月全国）美国学者弗莱恩在3E绩效评估指标基础上新增加的评价指标是（ ）

　A. 质量　　　　B. 公平　　　　C. 效果　　　　D. 利益

答案及解析：B。学者芬维克认为行政绩效评估包括了三个层次：经济（economy）、效率（efficiency）和效益（effectiveness），即著名的3E指标。学者弗莱恩在此基础上加上了公平（equity）指标，成为4E。

4.（2015年10月全国）经济评估指标又被称为（ ）

　A. 成本评估指标　　　　　　　　　B. 效率评估指标

　C. 效益评估指标　　　　　　　　　D. 公平评估指标

答案及解析：A。经济评估指标即成本评估指标，一般指组织投入到管理项目中的资源水准。

▶ **小试牛刀**

多选题

行政绩效评估具有若干指标体系，学者弗莱恩提出的"4E"指标是指（　　）

A. 质量 　　　　　　　　　　　　B. 公平

C. 效益 　　　　　　　　　　　　D. 效率

E. 经济

答案及解析：BCDE。行政绩效评估具有若干指标体系，学者弗莱恩提出的"4E"指标是指公平、效益、效率、经济。

知识点 **2**

▶ **行政绩效评估的程序** ☆☆☆

1. 行政绩效评估程序的含义

行政绩效评估程序是指实施行政绩效评估的过程及其所包含的各个阶段。

2. 实施具体的行政绩效评估包括五个步骤

（1）制订计划，包括制订计划的目的、计划的具体内容和书面计划。

（2）初步调查。

（3）管理控制评估。

（4）详细评估，包括详细评估的目的、详细审查的内容。

（5）撰写评估报告。

▶ **知识解读**

本知识点的考查题型一般为主观题。

同学们要理解行政绩效评估程序的含义，掌握实施具体的行政绩效评估包括的五个步骤。

▶ **小试牛刀**

简答题

简述行政绩效评估的程序。

答案：实施具体的行政绩效评估包括五个步骤：制订计划，包括制订计划的目的、计划的具体内容、书面计划；初步调查；管理控制评估；详细评估，包括详细评估的目的、详细审查的内容；撰写评估报告。

第三节　行政绩效评估的方法

知识点 **1**

▶ **行政绩效评估的信息收集方法** ☆

1. 行政绩效评估的信息收集方法的含义

行政绩效评估的信息收集方法是指在行政绩效评估过程中所采用的一系列收集信息方法的总和。

2. 行政绩效评估的信息收集方法

（1）利用官方记录的方法。

官方记录包括：修理的物件的数量、进行水处理的数量、收集垃圾的吨数等可以用于衡量完成工作量的记录；收到的投诉的数量、交通伤亡的数量、统计的犯罪数量和被逮捕的人数、消防和警察部门的接警数目等可以用于衡量服务质量的记录。

（2）培训观测者的方法。

这种方法是对观测者进行培训，让他们对服务的质量作出评价，这种方法尤其适用于质量品质评价，如评价街面的清洁情况、街道的路况、公园和运动场的维护情况、房屋的外观情况等。

（3）公众满意意见调查方法。

公众满意调查通常使用问卷调查的形式，采用的调查方法有信件调查、亲自访谈、电话采访、网络调查和综合运用各种访谈技术。

（4）特别的资料收集方法。

有些绩效的衡量需要借助特别的设备来获得资料，如空气、水、噪声污染等的测定。

▶ **知识解读**

本知识点的考查题型一般为主观题和客观题。

同学们要理解记忆行政绩效评估的四种信息收集方法。

▶ **真题小练**

单选题

（2014年7月全国）在行政绩效评估的信息收集方法中，对公众满意度的调查，通常使用（　　）

A. 官方记录方法　　　　　　　　　B. 问卷调查方法

C. 培训观测者方法　　　　　　　　D. 单位成本测定方法

答案及解析：B。公众满意调查通常使用问卷调查的形式。

多选题

（2007年7月全国）行政绩效评估的信息收集方法有（　　　）

A. 利用官方记录的方法　　　　　B. 恩惠教育方法

C. 培训观测者的方法　　　　　　D. 公众满意意见调查方法

E. 特别的资料收集方法

答案及解析：ACDE。行政绩效评估的信息收集方法是指在行政绩效评估过程中所采用的一系列收集信息方法的总和。具体说来，主要有利用官方记录的方法、培训观测者的方法、公众满意意见调查方法和特别的资料收集方法。

▶ 小试牛刀

论述题

论述行政绩效评估中信息收集的主要方法。

答案：

（1）利用官方记录的方法。

官方记录包括：修理的物件的数量、进行水处理的数量、收集垃圾的吨数等可以用于衡量完成工作量的记录；收到的投诉的数量、交通伤亡的数量、统计的犯罪数量和被逮捕的人数、消防和警察部门的接警数目等可以用于衡量服务质量的记录。

（2）培训观测者的方法。

这种方法是对观测者进行培训，让他们对服务的质量作出评价，这种方法尤其适用于质量品质评价，如评价街面的清洁情况、街道的路况、公园和运动场的维护情况、房屋的外观情况等。

（3）公众满意意见调查方法。

公众满意调查通常使用问卷调查的形式，采用的调查方法有信件调查、亲自访谈、电话采访、网络调查和综合运用各种访谈技术。

（4）特别的资料收集方法。

有些绩效的衡量需要借助特别的设备来获得资料，如空气、水、噪声污染等的测定。

知识点 ②

▶ 行政绩效评估的定量测定方法 ☆☆☆

行政绩效评估主要包括行政经济成本测定、效率测定、效益测定和公平测定四项内容，每项测定都要借助于一系列绩效指标。行政绩效评估的测定方法就是指在行政绩效评估过程中用于测定行政管理的经济成本、效率、效益和公平程度的方法的总和。测定一般分为定性测定和定量测定两类，下面介绍经济成本、效率、效益的定量测定方法。

1. 经济合理性评估方法

（1）成本与投入的比率测定法：指通过测定作为行政管理成本的资金转化为投入行政管理过程中的人力、物力和设备的比率来衡量行政绩效的一种评估方法。

（2）行政开支和业务开支的比率测定法：指通过测定行政开支与业务开支在总开支中的比率来衡量行政绩效的一种评估方法。

（3）人均投入测定法：指通过测定投入行政管理的辖区居民人均费用来衡量行政绩效的一种评估方法。

（4）单位成本测定法：指通过测定每完成一单位行政工作量所需成本来衡量行政绩效的一种评估方法。

（5）经济改进余地测定法：指通过测定完成某一行政工作任务是否存在经济改进余地来衡量行政绩效的一种评估方法。

2. 成本—收益评估方法

成本—收益评估方法的具体操作步骤如下所述。

（1）估计成本和收益。

（2）成本和收益折现。

（3）得出最后结论。

3. 成本—效益评估方法

成本—效益评估模式的一般关注焦点如下所述。

（1）最低成本评估。

（2）最大效益评估。

（3）边际效益评估。

▶ **知识解读**

本知识点的考查题型一般为主观题和客观题。

本知识点属于常考知识点，该知识点内容考试都会涉及，建议同学们通篇学习本知识点内容。

▶ **真题小练**

单选题

（2017年4月全国）通过测定投入行政管理的辖区居民人均费用来衡量行政绩效的一种评估方法是（　　　）

A. 成本收益评估法　　　　　　　　B. 单位成本测定法

C. 人均投入测定法　　　　　　　　D. 成本效益评估法

答案及解析：C。人均投入测定法是指通过测定投入行政管理的辖区居民人均费用来衡量行政绩效的一种评估方法。

▶ **小试牛刀**

简答题

1. 简述成本—收益评估方法的具体操作步骤。

答案：成本—收益评估方法的具体操作步骤有：估计成本和收益、成本和收益折现、得出最后结论。

2. 简述行政绩效评估中经济合理性评估的具体方法。

答案：经济合理性评估方法就是指通过对行政投入的测定来确定行政管理是否经济合理的一种评估方法。具体有五种方法。

（1）成本与投入的比率测定法。

（2）行政开支和业务开支的比率测定法。

（3）人均投入测定法。

（4）单位成本测定法。

（5）经济改进余地测定法。

第四节　行政绩效的制约因素及其克服途径

知识点 1

▶▶ **行政绩效的制约因素分析** ☆☆☆

1. 行政环境因素对行政绩效的制约

（1）经济体制的类型会制约行政组织的绩效。

（2）政治制度和民主法制建设程度制约行政绩效。

（3）大众传播媒介对行政绩效的制约作用。

2. 行政体制因素对行政绩效的制约

行政组织有一套自己的体制和制度，用以维持组织的运转和发展。这种结构性的体制对于行政绩效往往起着根本性的制约作用。

3. 公务员素质对行政绩效的制约

（1）公务员往往在主观上排斥绩效管理。

（2）公务员的知识水平、道德水平等职业素质必然制约行政绩效水平。

4. 行政绩效管理的制约因素

（1）政府的大量产出难以被量化。

（2）绩效管理项目本身存在的问题。

▶ **知识解读**

　　本知识点的考查题型一般为主观题。

　　行政绩效的制约因素包括四大点，同学们要理解记忆这些因素。

▶ **小试牛刀**

简答题

简述行政绩效的制约因素。

答案：

（1）行政环境因素对行政绩效的制约。

①经济体制的类型会制约行政组织的绩效。

②政治制度和民主法制建设程度制约行政绩效。

③大众传播媒介对行政绩效的制约作用。

（2）行政体制因素对行政绩效的制约。

行政组织有一套自己的体制和制度，用以维持组织的运转和发展。这种结构性的体制对于行政绩效往往起着根本性的制约作用。

（3）公务员素质对行政绩效的制约。

①公务员往往在主观上排斥绩效管理。

②公务员的知识水平、道德水平等职业素质必然制约行政绩效水平。

（4）行政绩效管理的制约因素。

①政府的大量产出难以被量化。

②绩效管理项目本身存在的问题。

知识点 ②

▶ **克服行政绩效制约因素的途径** ☆☆☆

　　1．改革和创新经济体制、政治体制，强化法治政府的行政理念，为提高行政绩效创造一个良好的行政环境

　　（1）市场经济体制、民主政治体制和法治理念，是当前我国最需要的行政环境。

　　（2）政治体制方面的不断完善和法治政府的建立，加强了对行政组织的监督和控制，为提高政府活力和创新能力提供了保障。

　　2．不断改革行政体制，进行政府的运行机制创新，做到决策、执行和监督相协调，以提高行政绩效

　　（1）完善科学化、民主化决策机制。

　　（2）实现依法行政。

（3）加强对行政权力的制约和监督。

3．提高行政绩效，必须建设高素质的公务员队伍

为了提高公务员素质，要求公务员做到：加强学习，掌握广博知识；解放思想，勇于改革创新；勤政廉洁，树立良好政风。

4．建立和健全良好的行政绩效评估体系，完善行政绩效管理制度，提高行政绩效水平

（1）绩效管理需要立法保障。立法保障是开展政府绩效管理的前提和基础。

（2）公民参与机制是行政评估体系必不可少的条件。

（3）必须建立健全合理有效的评估体制。

（4）建立完善的信息系统。

▶ 知识解读

本知识点的考查题型一般为主观题和客观题。

本知识点属于常考知识点，该知识点内容考试都会涉及，建议同学们通篇学习本知识点内容。

▶ 小试牛刀

论述题

试述当前条件下克服行政绩效制约因素的途径。

答案：

（1）改革和创新经济体制、政治体制，强化法治政府的行政理念，为提高行政绩效创造一个良好的行政环境。

①市场经济体制、民主政治体制和法治理念，是当前我国最需要的行政环境。

②政治体制方面的不断完善和法治政府的建立，加强了对行政组织的监督和控制，为提高政府活力和创新能力提供了保障。

（2）不断改革行政体制，进行政府的运行机制创新，做到决策、执行和监督相协调，以提高行政绩效。完善科学化、民主化决策机制；实现依法行政；加强对行政权力的制约和监督。

（3）提高行政绩效，必须建设高素质的公务员队伍。

为了提高公务员素质，要求公务员：加强学习，掌握广博知识；解放思想，勇于改革创新；勤政廉洁，树立良好政风。

（4）建立和健全良好的行政绩效评估体系，完善行政绩效管理制度，提高行政绩效水平。

①绩效管理需要立法保障。

②公民参与机制是行政评估体系必不可少的条件。

③必须建立健全合理有效的评估体制。

④建立完善的信息系统。

第十二章　行政发展

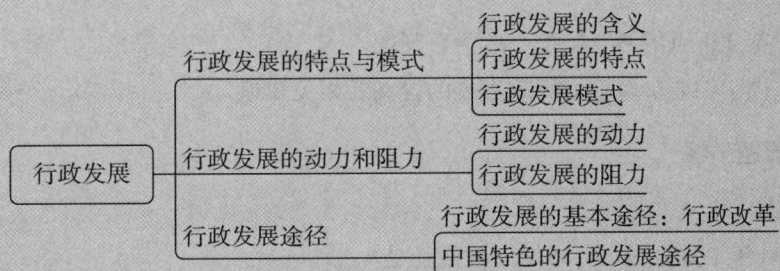

行政发展
├─ 行政发展的特点与模式
│ ├─ 行政发展的含义
│ ├─ 行政发展的特点
│ └─ 行政发展模式
├─ 行政发展的动力和阻力
│ ├─ 行政发展的动力
│ └─ 行政发展的阻力
└─ 行政发展途径
   ├─ 行政发展的基本途径：行政改革
   └─ 中国特色的行政发展途径

第一节　行政发展的特点与模式

知识点 **1**

▶ **行政发展的含义** ☆☆☆

行政改革是以国家行政机关为中心的国家公共行政系统的改革。行政发展是通过行政改革来实现的，行政改革是行政发展的手段和措施。行政改革是行政发展的途径。

行政发展的定义：行政系统为了适应行政环境的变化和提高行政效率，按照行政管理的客观规律，变革行政体系，改进行政活动方式和行政关系，提高治理能力，更好地执行国家意志，促进社会协调发展的过程。

行政发展的主要目的是提升行政能力。

▶ **知识解读**

本知识点的考查题型一般为客观题。

同学们要理解记忆行政发展的含义及相关知识。

▶ **真题小练**

单选题

（2010 年 7 月全国）行政发展的途径是（　　　）

　　A. 行政改革　　　　　　　　　　B. 行政调解

　　C. 行政控制　　　　　　　　　　D. 行政管理

答案及解析：A。行政发展的途径是行政改革。

▶ **小试牛刀**

单选题

行政发展的手段和措施是（　　　）

　　A. 行政管理　　　　　　　　　　B. 行政调节

　　C. 行政控制　　　　　　　　　　D. 行政改革

答案及解析：D。行政发展是通过行政改革来实现的，行政改革是行政发展的手段和措施。

知识点 **2**

▶ **行政发展的特点** ☆☆☆

（1）行政发展是一个具有积极意义的良性互动过程。行政发展是行政体系由低级形态向高级形态转变，行政绩效由较低水平向较高水平转变的过程，所以行政发展本身是行政体系不断完善、不断进取的运动过程。

（2）行政发展是一个有利于实现社会稳定和秩序的过程。行政发展是体系与外界环境之间从不平衡到平衡，再到不平衡，再到平衡的过程。行政发展没有终点，只有不断循环。

（3）行政发展是一种制度支撑下的行政动态过程。行政发展的目标之一就是把非正规化和低组织化的行政行为转变为高度正规化和高度组织化的行政行为。为了保证行政组织的有序化，必须坚持行政发展的制度化。这就要求行政发展必须按照一定的发展目标，有计划、有秩序地进行。

（4）行政发展是一个整体性的系统变化和发展过程。行政体系是社会大系统的一个子系统，行政体系中的任何部分又是行政体系的子系统。

▶ 知识解读

本知识点的考查题型一般为主观题和客观题。

同学们要理解记忆行政发展的基本特点。

▶ 真题小练

单选题

（2007年7月全国）为了保证行政组织的有序化，必须坚持行政发展的（　　　）

　A. 目标化　　　　　　B. 制度化　　　　　　C. 弹性化　　　　　　D. 计划化

答案及解析：B。为了保证行政组织的有序化，必须坚持行政发展的制度化。这就要求行政发展必须按照一定的发展目标，有计划、有秩序地进行。

▶ 小试牛刀

简答题

试述行政发展的基本特点。

答案：

（1）行政发展是一个具有积极意义的良性互动过程。行政发展是行政体系由低级形态向高级形态转变，行政绩效由较低水平向较高水平转变的过程，所以行政发展本身是行政体系不断完善、不断进取的运动过程。

（2）行政发展是一个有利于实现社会稳定和秩序的过程。行政发展是体系与外界环境之间从不平衡到平衡，再到不平衡，再到平衡的过程。行政发展没有终点，只有不断循环。

（3）行政发展是一种制度支撑下的行政动态过程。行政发展的目标之一就是把非正规化和低组织化的行政行为转变为高度正规化和高度组织化的行政行为。为了保证行政组织的有序化，必须坚持行政发展的制度化。这就要求行政发展必须按照一定的发展目标，有计划、有秩序地进行。

（4）行政发展是一个整体性的系统变化和发展过程。行政体系是社会大系统的一个子系统，行政体系中的任何部分又是行政体系的子系统。

知识点 3

▶ **行政发展模式** ☆ ☆

1. 按照行政发展的管理主义特点来划分

（1）基于新公共管理改革的行政发展模式。

特点：以新公共管理理论为指导，利用私营部门的管理理念来重塑政府，其核心在于大力推进政府职能的市场化，以带动行政功能、内部机构和行为方式的全面改革。

代表：英国和美国。

这种行政发展模式主要体现在英美国家的发展中，其主要特征是公共管理方式的根本性变革。

（2）基于传统公共行政改革的行政发展模式。

代表：法国和德国。

发展的特点：不打乱各个行政机构的运作，而只是对行政机构实行更严格的管理监控，在行政发展的步骤上，崇尚非连续性的渐进主义。

改革和发展的内容主要有：调整公共事业，压缩人事开支，改革组织机构。

2. 按照行政发展的动因和内容来源的特点来划分

（1）内源式发展模式。

这种发展模式是指新兴工业化国家的行政发展模式。这种发展模式是在行政发展进程中将本国、本地区的文化传统同市场经济的特殊要求有机地结合起来，充分调动社会各方面的积极性和创造性的过程。

代表：韩国等国。

主要动因：政府内部的生存需要。

基本特点：①政府始终把自身的改革同自身的生存结合起来，危机意识比较强。②强调公共部门的民营化，政府同民间保持着良好的关系。③将传统行政文化和现代文官制度有机地结合起来，从而使公务员制度始终保持较强的生命力。④行政改革与发展大多是在一党执政的情况下推行的，这有利于保持行政发展的连续性，避免了由于政党更替而出现的行政发展断层现象。

（2）外源式发展模式。

外源式发展模式是被为数不少的发展中国家所实践的行政发展模式。这种模式是指以发达国家的经验和做法为基础，在较少考虑本国历史、文化、社会现实的情况下，完全复制发达国家的制度、文化、技术、思想方式和行为方式等，来实现本国的行政发展。

特点：①行政改革与行政发展是以相对落后的社会经济条件为基础的，所以起点比较低。②行政改革是在外力强迫下的"自我手术"，缺乏改革与发展的内源性和自发性。由于忽视本国的国情，主要套用其他国家的行政发展模式，改革不对路，行政发展的结果往往适得其反，甚至加剧了专制与腐败。③政府权力高度集中，严重缺乏社会中介组织或中介组织发育不良。④动荡不安的社会局面极大地阻挠了行政改革与行政发展的脚步，导致政府缺乏权威，体制不健全，机构涣散，效率低下。

3．按照行政发展的改革方式和实现途径的特点来划分

（1）以解除政府管制的改革方式来实现的行政发展模式。

（2）以实行企业家政府的改革方式来实现的行政发展模式。

（3）以进行授权改革来实现的行政发展模式。

（4）以实行灵活政府的改革方式来实现的行政发展模式。

4．西方行政发展模式共同的特征

（1）市场经济发达，社会中介组织成熟，产权制度明确，政府与企业、政府与市场之间的界限明晰，市场机制逐渐被引入行政系统中。

（2）信息产业的发达，不仅改变了传统的行政价值与观念，而且为行政发展提供了雄厚的物质基础和技术基础。

（3）制度创新能力强。西方的每一次行政发展都是一次制度创新，这种制度创新不仅有利于巩固改革成果，而且有助于推动下一轮行政改革，实现下一轮行政发展。

▶ **知识解读**

本知识点的考查题型一般为主观题和客观题。

本知识点属于常考知识点，该知识点内容考试都会涉及，建议同学们通篇学习本知识点内容。

▶ **真题小练**

单选题

1.（2009年7月全国）崇尚非连续性的渐进主义，主张对行政机构实行更严格的管理监控的行政发展模式是（　　）

　A. 英美模式　　　　　　　　　　B. 法德模式

　C. 希腊模式　　　　　　　　　　D. 韩国模式

答案及解析：B。法德模式的特点是不打乱各个行政机构的运作，而只是对行政机构实行更严格的管理监控，在行政发展的步骤上，崇尚非连续性的渐进主义。

2.（2009年4月全国）以"利用私营部门的管理理念来重塑政府"作为其基本特点的行政发展模式是（　　）

　A. 法德模式　　　　　　　　　　B. 希腊模式

　C. 外源式发展模式　　　　　　　D. 英美模式

答案及解析：D。英美模式的基本特点是利用私营部门的管理理念来重塑政府，其核心在于大力推进政府职能的市场化，以带动行政功能、内部机构和行为方式的全面改革。

3.（2015年10月全国）内源式行政发展模式的主要动因来自（　　　）

A. 社会需要　　　　　　　　　　B. 市场需要

C. 政治需要　　　　　　　　　　D. 政府内部生存需要

答案及解析：D。在内源式行政发展模式下，行政发展的主要动因来自政府内部的生存需要。

多选题

（2014年10月全国）法德行政发展模式的主要内容包括（　　　）

A. 严格监控行政机构　　　　　　B. 调整公共事业

C. 压缩人事开支　　　　　　　　D. 改革组织机构

E. 改善政府工作效率

答案及解析：BCD。法德发展模式的主要内容包括调整公共事业、压缩人事开支和改革组织机构。

▶▶ **小试牛刀**

多选题

内源式行政发展模式的特点主要有（　　　）

A. 政府始终把自身的改革同自身的生存结合起来，危机意识比较强

B. 强调公共部门的民营化，政府同民间保持着良好的关系

C. 将传统行政文化与现代文官制度有机地结合起来

D. 行政改革与发展大多是在一党执政的情况下进行的

E. 行政改革忽视本国国情，主要借用其他国家的模式

答案及解析：ABCD。内源式发展模式的特点主要有：政府始终把自身的改革同自身的生存结合起来，危机意识比较强；强调公共部门的民营化，政府同民间保持着良好的关系；将传统行政文化与现代文官制度有机地结合起来；行政改革与发展大多是在一党执政的情况下推行的。

论述题

1. 试论述外源式行政发展模式的基本特征。

答案：

外源式发展模式的基本特征如下所述。

（1）行政改革与行政发展是以相对落后的社会经济条件为基础的，所以起点比较低。

（2）行政改革是在外力强迫下的"自我手术"，缺乏改革与发展的内源性和自发性。由于忽视本国的国情，主要套用其他国家的行政发展模式，改革不对路，行政发展的结果往往适得其反，甚至加剧了专制与腐败。

（3）政府权力高度集中，严重缺乏社会中介组织或中介组织发育不良。

（4）动荡不安的社会局面极大地阻挠了行政改革与行政发展的脚步，导致政府缺乏权威，体制不健全，机构涣散，效率低下。

2. 试述西方国家行政发展模式的共同特征。

答案：西方国家行政发展模式的共同特征如下所述。

（1）市场经济发达，社会中介组织成熟，产权制度明确，政府与企业、政府与市场之间的界限明晰，市场机制逐渐被引入行政系统中。

（2）信息产业的发达，不仅改变了传统的行政价值与观念，而且为行政发展提供了雄厚的物质基础和技术基础。

（3）制度创新能力强。西方的每一次行政发展都是一次制度创新，这种制度创新不仅有利于巩固改革成果，而且有助于推动下一轮行政改革，实现下一轮行政发展。

第二节　行政发展的动力和阻力

知识点 ①

▶ **行政发展的动力**☆☆

行政发展动力是指行政发展的推动因素，或推动行政发展的各种因素的总和。一方面，行政发展的根本动力来自行政体系与行政环境相适应的需要；另一方面，行政体系本身是属于社会大系统的一个子系统，其内部也存在着各种要素之间的动态平衡和运动，当行政体系内部的平衡被打破时，行政体系也会内在地要求行政发展。总体来说，行政发展的动力主要有外部动力和内部动力两大部分。

1. 行政发展的外部动力

行政发展的外部动力是指行政发展的外在推动因素，包括经济因素、政治因素、文化因素和技术因素。

（1）经济因素。

经济基础决定上层建筑。行政体系是上层建筑的重要组成部分，必须与经济基础相适应。当经济基础发生变化时，属于上层建筑的行政体系必须作出相应的调整和转变。无论经济基础的发展方向是上行或是下滑，行政体系的调整都势在必行。

（2）政治因素。

行政体系是政治体系的一部分，行政的本质是为了维护政治统治，任何政治体制的变化都会引发行政体系的调整和变化。政治体制的变化决定了行政发展的方向，政治力量的调整决定了行政决策的目标，意识形态的改变影响行政价值判断，因此，政治对行政发展的影响最为直接和紧密，政治是行政发展的主要外部动力。

（3）文化因素。

文化是社会系统中比较稳定的一个子系统。任何一个行政体系的结构形式、运转程序、决策过程以及行政人员的行为、态度、价值观等，都必然受到文化的影响和制约。

（4）技术因素。

技术的进步往往引发生活方式、工作方式的变化，推动经济的快速发展，并由此推动行政发展。技术并非直接促进行政发展，而是为行政发展提供条件，通过改变其他因素来推动行政发展。

2. 行政发展的内部动力

行政发展的内部动力是指行政发展的内在推动因素。

（1）行政组织的演化。

由于行政组织内部存在一些对于组织膨胀的利益诉求，在这种利益诉求的驱动下，任何行政组织都具有自生长的能力。

（2）组织分工的细化。

第二次世界大战之后，越来越细化的组织分工已经成为提高组织绩效的桎梏之一。在这种情况下，改变过于细化的组织分工自然也就成为行政发展的重要动力。

（3）政府内部改革人士的推动。

政府组织内部的一些具有远见卓识的人士，出于使命感、责任心以及其自身敏锐的洞察力，在历史发展的一定时期，提出一些行政改革的正确建议和策略。

▶ **知识解读**

本知识点的考查题型一般为主观题和客观题。

本知识点属于常考知识点，该知识点内容考试都会涉及，建议同学们通篇学习本知识点内容。

▶ **真题小练**

单选题

1.（2017年4月全国）对行政发展的影响最为直接和紧密的是（　　　）

　A. 政治因素　　　　　　　　　　　　B. 经济因素

　C. 文化因素　　　　　　　　　　　　D. 自然环境因素

答案及解析：A。政治体制的变化决定了行政发展的方向，政治力量的调整决定了行政决策的目标，意识形态的改变影响行政价值判断，因此，政治对行政发展的影响最为直接和紧密，政治是行政发展的主要外部动力。

2.（2017年4月全国）行政发展的根本动力来自（　　　）

　A. 行政改革的需要　　　　　　　　　B. 行政体系与行政环境相互适应的需要

C. 行政技术的更新压力　　　　　　D.政治发展的需要

答案及解析：B。行政发展的根本动力是来自行政体系与行政环境相互适应的需要。

3.（2014年4月全国）行政发展的主要外部动力是（　　　）

A. 技术　　　　　　　　　　　　B. 文化

C. 政治　　　　　　　　　　　　D. 经济

答案及解析：C。行政发展的主要外部动力是政治。

4.（2012年7月全国）行政发展的主要外部因素除了政治、经济、文化因素外，还有（　　　）

A. 技术因素　　　　　　　　　　B. 环境因素

C. 人为因素　　　　　　　　　　D. 历史因素

答案及解析：A。行政发展的外部动力是指行政发展的外在推动因素，包括经济因素、政治因素、文化因素、技术因素。

▶ **小试牛刀**

简答题

简述行政发展的动力。

答案：

行政发展的动力包括外部动力和内部动力。

行政发展的外部动力包括经济因素、政治因素、文化因素和技术因素。行政发展的内部动力是指行政发展的内在推动因素，包括行政组织的演化、组织分工的细化、政府内部改革人士的推动。

知识点 ②

▶ **行政发展的阻力** ☆☆

行政发展是通过行政改革来实现的。

1. 行政发展的外部阻力

行政发展的外部阻力是指阻止行政发展的各种外在因素的总和。这些来源于行政系统外部的因素如下所述。

（1）市场经济发育不完善：市场经济是行政发展的条件。完善的市场经济有利于行政发展，不完善的市场经济则会在一定程度上制约行政发展。

（2）政治制度和经济制度改革的不配套：行政发展是通过行政改革来实现的，行政改革与政治制度改革和经济制度改革具有相关性，存在着互为因果的关系。

2. 行政发展的内部阻力

行政发展的内部阻力是指阻止行政发展的各种内在因素的总和。这些来源于行政系统内部的因素如下所述。

（1）来自既有行政制度惯性的阻力：与现存行政体系相配套的行政制度是行政发展的内部阻力之一。

（2）来自公务员的阻力：在法制和民主不健全的社会里，行政权力对社会生活干涉过多、影响较大，而公务员作为行政权力和利益的受益者，一旦行政发展触及其利益，就会遭到公务员的强烈抵制。

（3）来自行政文化的制约：任何一种行政体系都有与之相适应的行政文化。行政文化虽然具有相对稳定性，但随着行政发展的深入，行政文化也是可以改变的，而行政文化一旦发生改变，则会随之改变内部大多数成员的价值观，使其接受新的价值观，从而对行政发展起到一定的推动作用。

▶ 知识解读

本知识点的考查题型一般为主观题和客观题。

本知识点属于常考知识点，该知识点内容考试都会涉及，建议同学们通篇学习本知识点内容。

▶ 真题小练

单选题

（2006年4月全国）下列选项中，不属于行政系统内部阻力的是（　　　　）

　　A. 来自公务员的阻力　　　　　　　　B. 来自行政文化的制约

　　C. 市场经济发育不完善　　　　　　　D. 来自既有行政制度惯性的阻力

答案及解析：C。行政发展的内部阻力是指阻止行政发展的各种内在因素的总和。这些来源于行政系统内部的因素主要有来自既有行政制度惯性的阻力，来自公务员的阻力，来自行政文化的制约。

▶ 小试牛刀

简答题

简述行政发展的内外部阻力。

答案：

（1）行政发展的外部阻力体现为市场经济发育不完善，政治制度和经济制度改革的不配套。

（2）行政发展的内部阻力体现为来自既有行政制度惯性的阻力，来自公务员的阻力，来自行政文化的制约。

第三节　行政发展途径

知识点 1

▶ **行政发展的基本途径：行政改革** ☆ ☆

行政改革是政府为了适应变化了的行政环境而在实施行政发展时所采取的方法和手段，是政府有意识地主动对行政管理从结构、功能、过程到行为方式等诸方面进行变革的活动。

1. 行政改革的内容

（1）功能调整，即政府职能的转变，是对政府在整个社会系统中所扮演角色的重新定位。

（2）结构重组，主要是指行政权力结构、行政组织结构和人事管理制度的变革。

（3）行为变革，主要是指对行政规章制度、工作程序、行政人员的工作态度和行为方式等方面进行改造和更新。

2. 行政改革的原则

（1）坚持综合配套、整体推进的原则。

（2）坚持民主决策、依法改革的原则。

（3）坚持注重专家咨询、科学论证改革方案的原则。

▶ **知识解读**

本知识点的考查题型一般为主观题和客观题。

本知识点属于常考知识点，该知识点内容考试都会涉及，建议同学们通篇学习本知识点内容。

▶ **真题小练**

单选题

（2012年4月全国）对政府在整个社会系统中所扮演的角色进行重新定位属于行政发展的（　　）

A. 结构重组　　　　B. 功能调整　　　　C. 行为变革　　　　D. 技术革新

答案及解析：B。功能调整即政府职能的转变，是对政府在整个社会系统中所扮演角色的重新定位。

多选题

（2007年4月全国）行政改革的内容主要有（　　）

A. 功能调整　　　B. 结构重组　　　C. 关系理顺　　　D. 行为变革

E. 效率提高

答案及解析：ABD。行政改革的内容涉及三方面：功能调整、结构重组和行为变革。

▶ **小试牛刀**

简答题

分析我国行政改革的内容与原则。

答案：

（1）我国行政改革的内容涉及三个方面。

①功能调整，即政府职能的转变，是对政府在整个社会系统中所扮演角色的重新定位。

②结构重组，主要是指行政权力结构、行政组织结构和人事管理制度的变革。

③行为变革，主要是指对行政规章制度、工作程序、行政人员的工作态度和行为方式等方面进行改造和更新。

（2）行政改革的原则包括坚持综合配套、整体推进的原则；坚持民主决策、依法改革的原则；坚持注重专家咨询、科学论证改革方案的原则。

知识点 2

▶ **中国特色的行政发展途径**☆☆☆

1. 当代中国特色的行政发展道路或途径

在中国共产党的领导下，坚持立足于中国国情，坚持行政改革为经济建设服务，坚持渐进式改革，坚持正确处理改革、发展和稳定的关系，坚持借鉴国外先进经验和吸收本国传统行政精华并举的行政发展途径。

2. 主要表现

（1）立足于中国国情。中国行政体制改革的指导思想就是建立有中国特色的行政管理体制。

（2）坚持行政改革为经济建设服务。当代中国改革开放，始终坚持以经济建设为中心，行政改革服务于经济建设。

（3）坚持渐进式改革。我国在推进行政改革的过程中，走的是一条不断积累、不断创新、渐进发展的道路，采取从点到面、从局部到整体、从表层到深层分步实施的做法，"摸着石头过河"，自上而下地逐步推行，使改革取得了明显的成效。

（4）坚持正确处理改革、发展和稳定的关系。从总体上看，行政发展是行政系统与行政环境之间由平衡到不平衡，再由不平衡到平衡的过程。

（5）借鉴国外行政改革经验与吸收我国传统行政精华并举。我国在行政改革中，一方面坚持对外开放，借鉴和吸收世界各国行政改革成功的经验和做法，学习发达国家科学管理的方式、方法，以丰富我国行政改革的内容；另一方面，也十分注意弘扬中国传统文化的精华，古为今用，促进中国特色的行政管理体制的建立和完善。

（6）推进政府治理体系和治理能力的现代化。不断推进政府治理体系和治理能力的现代化，是我国行政发展的一个重要特色。

▶ **知识解读**

本知识点的考查题型一般为主观题和客观题。

同学们要掌握中国特色的行政发展途径以及主要表现。

▶ **真题小练**

单选题

（2017年10月全国）我国现阶段行政体制改革的指导思想是（　　　）

A. 建立有中国特色的行政管理体制

B. 建立有效的行政权力制约体系

C. 建立精简高效的行政机构体系

D. 建立扁平化的行政层级体系

答案及解析：A。中国行政体制改革的指导思想就是建立有中国特色的行政管理体制。故排除 BCD，本题答案为 A。

▶ **小试牛刀**

多选题

中国特色的行政发展途径的主要表现包括（　　　）

A. 坚持行政改革为经济建设服务

B. 正确处理改革、发展和稳定的关系

C. 借鉴国外行政改革经验与吸收我国传统行政精华并举

D. 坚持渐进式改革

E. 立足于中国国情

答案及解析：ABCDE。中国特色的行政发展途径的主要表现包括：①立足于中国国情；②坚持行政改革为经济建设服务；③坚持渐进式改革；④坚持正确处理改革、发展和稳定的关系；⑤借鉴国外行政改革经验与吸收我国传统行政精华并举；⑥推进政府治理体系和治理能力的现代化。口诀：中外经济关系渐进现代化。故本题答案为 ABCDE。

模拟卷（一）

总分：100分

一、单选题（共25题，共25分）

1. 行政管理学中最基本、最核心的概念是（   ）

    A. 行政管理　　　　　　　　　　　B. 行政权力

    C. 行政职能　　　　　　　　　　　D. 行政执行

2. 就行政管理学的学科性质而言，它属于（   ）

    A. 管理学的子学科　　　　　　　　B. 经济学的子学科

    C. 政治学的子学科　　　　　　　　D. 法学的子学科

3. 行政管理学的创始人是（   ）

    A. 泰罗　　　　　　　　　　　　　B. 古德诺

    C. 威尔逊　　　　　　　　　　　　D. 法约尔

4. 研究和学习行政管理学的根本方法是（   ）

    A. 规范方法　　　　　　　　　　　B. 经验方法

    C. 案例方法　　　　　　　　　　　D. 理论联系实际方法

5. 行政权力的目的是为社会公共利益服务，而不是为私人利益服务，这是指行政权力具有
（   ）

    A. 强制性　　　　　　　　　　　　B. 阶级性

    C. 执行性　　　　　　　　　　　　D. 公共性

6. 强势政府时期，行政职能所具有的特点是（   ）

    A. 政府职能非常有限　　　　　　　B. 适应自由资本主义的发展

    C. 政府很少对经济进行干预　　　　D. 行政职能范围大大拓展

7. 党的十一届三中全会以后，各级政府的职能重心实现了根本转变，中心任务是（   ）

    A. 阶级斗争　　　　　　　　　　　B. 政治改革

    C. 文化革命　　　　　　　　　　　D. 经济建设

8. 行政管理机构进行社会管理的重要依据和工具是（   ）

    A. 系统性　　　　　　　　　　　　B. 合法性

    C. 主体性　　　　　　　　　　　　D. 权威性

9. 实行内阁制国家的是（　　　　）

　　A. 英国

　　B. 美国

　　C. 法国

　　D. 瑞典

10. 下列关于西方发达国家行政管理机构改革的主要内容说法错误的是（　　　　）

　　A. 从"小政府"向"大政府"转变

　　B. 行政管理机构的分权化

　　C. 强化综合协调行政管理机构及其职能

　　D. 行政管理机构设置的弹性化

11. 在公务员制度中，有关公务员考试录用、调任、辞职、辞退、退休等一系列制度的总和是（　　　　）

　　A. 新陈代谢制度

　　B. 激励约束制度

　　C. 职位分类制度

　　D. 职业发展和保障制度

12. 行政领导行为的特点不包括（　　　　）

　　A. 统一性

　　B. 服务性

　　C. 公正性

　　D. 权威性

13. 下列选项中，不属于行政沟通方式的是（　　　　）

　　A. 口头沟通

　　B. 线下沟通

　　C. 非语言沟通

　　D. 文字沟通

14. 理性决策模式又称为（　　　　）

　　A. 科学决策模式

　　B. 精英决策模式

　　C. 渐进决策模式

　　D. 综合决策模式

15. 行政执行过程的关键是（　　　　）

　　A. 计划

　　B. 动员

　　C. 指挥

　　D. 协调

16. 下列关于行政管理规范基本含义的理解错误的是（　　　　）

　　A. 实质是一种约束或限制

　　B. 约束对象是各种行政权力及其行使过程

　　C. 行政管理规范的存在没有其明确的目的性

　　D. 存在形式或说表现形式是各种行为标准的集合

17. 我国行政道德体系的基础与灵魂是（   ）

    A. 为政府服务准则

    B. 为党服务准则

    C. 为人民服务准则

    D. 为社会主义服务准则

18. 个人或组织开展的活动所取得的成就或产生的积极效果称为（   ）

    A. 效率   B. 绩效

    C. 利益   D. 效益

19. 现代政府管理的核心问题是（   ）。

    A. 减少支出   B. 提高收入

    C. 提高绩效   D. 人才培训

20. 行政绩效评估活动的基础和核心是（   ）

    A. 确立评估程序   B. 设计评估问题

    C. 发布评估效果   D. 确立评估指标体系

21. 效率评估主要是测定产出与投入的关系。一般来说，在行政产出一定的情形下，行政投入越高，则行政效率（   ）

    A. 越高   B. 越低

    C. 不变   D. 无法衡量

22. 下列关于绩效评估计划应确定的具体事项说法错误的是（   ）

    A. 完成评估任务所需的专业人员类别和人数

    B. 为了确定评估目标，评估人员应收集哪些方面的资料，以及如何收集和评价

    C. 为了证实评估目标，得出与目标相关的客观结论，评估人员必须搜集哪些方面的证据，需要搜集多少证据，搜集证据时需要采取哪些手段

    D. 评估报告中应该反映评估人员早期取得的结果

23. 在行政绩效评估的信息收集方法中，对公众满意度的调查，通常使用（   ）

    A. 官方记录方法   B. 问卷调查方法

    C. 培训观测者方法   D. 单位成本测定方法

24. 行政发展的主要目的是（   ）

    A. 确立行政权威   B. 提升行政能力

    C. 保护行政环境   D. 树立行政形象

25. 下列关于行政发展特点的说法错误的是（　　　）

A. 行政发展是一个具有积极意义的良性互动过程

B. 行政发展是一个有利于社会稳定和秩序的过程

C. 行政发展是一种制度支撑下的行政动态过程

D. 行政发展是一个局部性的系统变化和发展过程

二、多选题（共10题，共20分）

26. 研究和学习行政管理学的具体方法有（　　　）

A. 规范方法

B. 理论联系实际方法

C. 经验方法

D. 案例方法

E. 比较方法

27. 下列关于行政环境的表述，正确的有（　　　）

A. 行政环境是针对具体行政系统而存在的

B. 行政环境通过边界与行政系统相区分

C. 行政环境只包括有形的事物

D. 行政环境对行政系统的影响是一成不变的

E. 行政环境构成成分的关键属性在于能够对行政系统的存在、运行与发展产生影响

28. 行政权力的有限性主要体现为（　　　）

A. 行政权力作用范围是有限的

B. 行政权力主体是有限的

C. 行政权力行使方式是有限的

D. 行政权力是受监督和制约的

E. 行政权力的能力是有限的

29. 影响行政机构改革的外部因素主要有（　　　）

A. 经济体制转变

B. 政治制度转变

C. 社会发展程度

D. 国际环境转变

E. 行政人员冗余

30. 在广义的理解中，"行政事务"包括（　　　）

A. 司法功能

B. 立法功能

C. 政府内部行政事务

D. 政府所管理的公共事务

E. 政府为社会提供的一切公共服务

31. 行政组织的组成要素包括（　　　）

A. 国际要素　　　　　　　　　　B. 行政职位

C. 行政人员　　　　　　　　　　D. 行政体制

E. 精神要素

32. 行政决策的特点有（　　　）

A. 主体是行政管理机构或行政管理人员

B. 内容是行政管理事务

C. 过程是行政权力运用过程

D. 目标是公共利益最大化

E. 方法是经验法

33. 行政道德规范的基本特征有（　　　）

A. 政治性　　　　　　　　　　　B. 自律性

C. 相对稳定性　　　　　　　　　D. 暴力性

E. 他律性

34. 以产生方式和运行机制为标准，行政管理规范一般可以分为（　　　）

A. 行政法律规范

B. 行政技术规范

C. 行政组织规范

D. 行政道德规范

E. 行政人员规范

35. 行政绩效评估的特点有（　　　）

A. 系统性　　　　　　　　　　　B. 层次性

C. 分散性　　　　　　　　　　　D. 公正性

E. 复杂性

三、简答题（共 5 题，共 25 分）

36. 简述研究行政职能的意义。

37. 简述行政信息的特征。

38. 简述我国行政决策程序上存在的主要问题。

39. 简述运用行政手段的必要性。

40. 简述电子政务对行政技术手段的意义。

四、论述题（共 2 题，共 20 分）

41. 联系实际，试论依法行政与以德行政的相互联系。

42. 联系实际分析行政绩效评估的作用与功能。

五、材料分析题（共1题，共10分）

43.

　　近年来，F市管道天然气进口价格连续上涨，导致F市天然气供应企业经营成本提高、经营困难。因此，F市天然气供应企业多次向F市发展改革委员会申请调整F市管道天然气供应价格。

　　为了回应企业诉求，F市发展改革委员会成立了成本监审小组，并对F市管道天然气市场价格开展简单调查，收集了少量信息，然后制定了两套管道天然气价格调整方案。针对这两套调整方案，F市发展改革委员会组织了有社会群众和企业代表参加的听证会后，就直接将其报给市政府。市政府直接迅速确定了其中一套方案，并公布施行。

　　事后，某第三方独立机构受邀评估该行政决策，对在该市居住超过两年、家里使用管道天然气的部分市民进行了调查。调查发现，仅有两成以上市民听说过该市管道天然气销售价格调整；仅有一成市民对该市管道天然气销售价格调整工作表示满意；90%以上的被访市民认为政府部门在制定管道天然气销售价格调整政策时，没有征求过他们的意见。

　　问题：

　　（1）行政决策的基本程序通常包括哪些？（4分）

　　（2）结合案例，谈谈完善我国行政决策程序的措施。（6分）

模拟卷（一）答案及解析

一、单选题（共 25 题，共 25 分）

1.答案及解析：A。题干关键词：最基本、最核心。行政管理是行政管理学中最基本、最核心的概念。故本题选 A。

记忆方法：行政管理学—行政管理。

2.答案及解析：A。本题属于理解记忆性题目。就行政管理学的学科性质而言，它属于管理学的子学科。在研究过程中必须坚持管理学的基本取向，同时要坚持政治学、经济学、社会学和法学对行政管理学的研究具有重要的指导作用。行政管理学是一门研究国家行政管理机关依法管理社会公共事务及其内部事务的活动过程和规律的科学。

3.答案及解析：C。本题考查人物与理论的对应关系。

科学管理理论的提出者：泰罗 / 泰勒。（口诀：科泰）

政治与行政"两分法"观点的提出者：古德诺。

管理过程理论的提出者：法约尔。（口诀：罚过）

行政管理学的创始人：威尔逊。（口诀：真逊）

4.答案及解析：D。题干关键词：根本方法。

（1）研究和学习行政管理学的根本方法：理论联系实际方法。（口诀："实际"是"根本"）

（2）研究和学习行政管理学的具体方法：规范方法、经验方法、案例方法、比较方法。

5.答案及解析：D。题干关键词：社会公共利益、非私人利益。因此本题的正确选项为 D。行政权力的公共性体现之一是行政权力的目的是为社会公共利益服务，而不是为私人利益服务。

6.答案及解析：D。题干关键词：强势政府时期。强势政府时期，行政职能具有以下几个特点：①行政职能范围大大拓展；②行政职能方式更加复杂多样。选项 ABC 属于弱势政府时期行政职能的特点。故本题选择 D。

7.答案及解析：D。题干关键词：党的十一届三中全会以后。1956—1978 年，我国重阶级斗争，轻经济建设，形成了"以阶级斗争为纲"的路线。党的十一届三中全会明确把党和国家的工作重点转移到经济建设上来。此后，各级政府坚持以经济建设为中心，实现了政府职能重心的根本转变。

8.答案及解析：D。本题的解题关键是区分行政管理机构的特性。

（1）系统性：任何国家的行政管理机构都是依法设置的由若干要素按照一定的部门结构和

层级结构所组成的职责分明、协调有序的有机整体，其组织系统遍布全国各地。

（2）合法性：行政管理机构的重要特性之一是具有合法性。

（3）主体性：行政管理机构是行使行政权力的主体。

（4）权威性：权威性是行政管理机构进行社会管理的重要依据和工具。

9. 答案及解析：A。本题的解题关键是区分不同类型的国家最高行政管理机构组成方式的代表国家。内阁制：英国。总统制：美国。半总统制：法国。委员会制：瑞士。

10. 答案及解析：A。西方发达国家行政管理机构改革的主要内容如下所述。

（1）从"大政府"向"小政府"转变。（大—小）

（2）行政管理机构内部的决策与执行职能及机构分离。

（3）行政管理机构的分权化。

（4）强化综合协调行政管理机构及其职能。

（5）行政管理机构设置的弹性化。

11. 答案及解析：A。新陈代谢制度——有关公务员考试录用、调任、辞职、辞退、退休等一系列制度的总和。（A 正确）

激励约束制度——有关公务员的考核、奖励、惩戒、职务升降、交流、回避等一系列制度的总和。（B 排除）

职位分类制度——以职位为对象进行分类的一种分类制度。（C 排除）

职业发展和保障制度——有关公务员的培训、工资、保险、福利等一系列制度的总和。（D 排除）

12. 答案及解析：C。行政领导行为的特点包括：统一性、权威性、服务性和综合性。选项 C 不属于行政领导行为的特点，故本题答案为 C。

口诀：权同副总。

13. 答案及解析：B。行政沟通方式包括：①口头沟通；②文字沟通；③非语言沟通；④电子沟通。选项 B 不属于行政沟通的方式，故本题答案为 B。

口诀：吻电废口。

14. 答案及解析：A。本题属于理解记忆性题目。行政决策的理论模式有：理性决策模式（科学决策模式）、有限理性决策模式、渐进决策模式、混合扫描决策模式（综视决策模式）、垃圾筒决策模式和探索性决策模式。故本题选择 A 项。

15. 答案及解析：C。行政执行的主要环节如下所述。

（1）行政计划。（事前安排）

（2）行政动员。（重要工作）

（3）行政指挥。（行政执行顺利进行的关键因素）

（4）行政协调。（十分必要）

（5）行政控制。（衡量当前的行政执行情况，并使之导向行政决策目标的过程）

故本题答案为 C。

16. 答案及解析：C。行政管理规范的含义如下所述。

（1）行政管理规范或行政规范的实质是一种约束或限制。

（2）行政管理规范的约束对象是各种行政权力及其行使过程，也就是各种行政行为。

（3）行政管理规范的存在有其明确的目的性。

（4）行政管理规范的存在形式或说表现形式是各种行为标准的集合。

故本题答案为 C。

17. 答案及解析：C。为人民服务准则构成我国行政道德体系的基础与灵魂，在整个行政道德体系中占据主导地位，其他具体的行政道德规范都是其具体体现与展开。故本题答案为 C。

知识拓展：作为社会主义国家，我国行政道德体系最基本的准则就是"为人民服务"。这是由我国国家行政系统的性质所决定的。

18. 答案及解析：B。"绩效"也称"业绩""成绩""效果"等，指的是个人或组织开展的活动所取得的成就或产生的积极效果。故本题答案为 B。

知识拓展：行政绩效就是行政机关利用法律、政策等手段进行社会管理活动和自身管理活动所取得的工作成就以及积极效果。

19. 答案及解析：C。现代政府管理的核心问题是提高绩效。在绩效评估的推动下，各种机构都要求根据本部门的内在职能和固有规律，制定本行业、本部门的工作绩效考评机制，事实上为各项工作划定了基本的工作标准和底线，这无疑会极大地促进行政绩效的提高。C选项正确。

20. 答案及解析：D。行政绩效评估是运用不同的指标来衡量政府绩效的过程，因此，确立评估的指标体系是评估活动的基础和核心。选项 ABC 为干扰项，故本题选择 D 项。

知识拓展：行政绩效评估的指标体系，是指行政组织根据一定的价值准则所设定的作为衡量行政绩效高低的一系列数据、标准的总和。

21. 答案及解析：B。人们通常将行政效率定义为行政投入与行政产出的比率关系。一般说来，行政效率与行政投入呈反比关系，在行政产出一定的情形下，行政投入越高，行政效率越低；反之，行政效率越高。行政产出与行政效率则呈正比关系。

22. 答案及解析：D。绩效评估计划应确定下列具体事项。

（1）完成该项评估任务所需的专业人员类别和人数。

（2）为了确定评估目标，评估人员应收集哪些方面的资料，以及如何收集和评价。

（3）为了证实评估目标，得出与目标相关的客观结论，评估人员必须搜集哪些方面的证据，需要搜集多少证据，搜集证据时需要采取哪些手段。

（4）评估报告中应该反映评估人员预期取得的结果。

23. 答案及解析：B。公众满意调查通常使用问卷调查的形式。故排除 ACD，本题答案为 B 选项。

知识拓展：问卷调查能直接获得公众对服务质量的评价。

24. 答案及解析：B。行政发展的主要目的是提升行政能力。故排除 ACD，本题答案为 B 选项。

知识拓展：行政发展是指通过一定的方式改变既存的行政系统及其活动方式，使其过渡到一种新的状态，以期行政系统能够更好地与社会实现动态平衡，从而发挥更大效能的过程。

25. 答案及解析：D。行政发展的特点如下所述。

（1）行政发展是一个具有积极意义的良性互动过程。

（2）行政发展是一个有利于实现社会稳定和秩序的过程。

（3）行政发展是一种制度支撑下的行政动态过程。

（4）行政发展是一个整体性的系统变化和发展过程。

二、多选题（共 10 题，共 20 分）

26. 答案及解析：ACDE。本题的解题关键是区分研究和学习行政管理学的根本方法和具体方法。

（1）研究和学习行政管理学的根本方法：理论联系实际方法。（口诀："实际"是"根本"）

（2）研究和学习行政管理学的具体方法：规范方法、经验方法、案例方法、比较方法。

（助记口诀："彼岸鬼镜"——比较、案例、规范、经验）

27. 答案及解析：ABE。行政环境的内涵如下所述。

（1）行政环境是针对具体行政系统而存在的。

（2）行政环境通过边界与行政系统相区分。

（3）行政环境构成成分的关键属性在于能够对行政系统的存在、运行与发展产生影响。

（4）行政环境因素既包括有形的事物，也包括无形的情势。

C 选项说法错误，D 选项说法太绝对。所以本题的正确选项为 ABE。

28. 答案及解析：ACD。行政权力的有限性是指行政权力在各个方面都受到约束和限制。行政权力的有限性主要体现在以下几个方面。

（1）行政权力作用范围是有限的。

（2）行政权力行使的方式是有限的。

（3）行政权力是受监督和制约的。

关键词：范围、方式、监督和制约。

29. 答案及解析：ABCD。题干关键词：外部因素。影响行政机构改革的外部因素如下所述。

（1）经济体制转变会导致行政管理机构的变革。

（2）政治制度的转变和更迭导致行政管理机构的变革。

（3）社会发展程度影响行政管理机构的变革。

（4）国际环境的转变会激发行政管理机构的变革。

影响行政机构改革的内部因素：机构的过度膨胀，人员素质不高、弱化。（内部因素口诀：机构人员）

E 选项属于内部因素，所以排除 E 选项。

30. 答案及解析：CDE。在广义的理解中，人们通常把"行政事务"理解为政府所管理的一切事务，既包括政府内部行政事务，也包括政府所管理的公共事务，以及政府为社会提供的一切公共服务。司法、立法不属于行政事务。

31. 答案及解析：BCDE。行政组织的四个要素如下所述。

（1）行政职位。这是行政组织中最基本的构成要素。

（2）行政人员。这是行政组织中最活跃的因素。

（3）行政体制。这一要素决定了行政组织的运作形式。

（4）精神要素。精神要素是构成行政组织的主观因素。

A 选项不属于行政组织的组成要素。

32. 答案及解析：ABCD。行政决策的特点主要表现在四个方面。

（1）行政决策的主体：行政管理机构或行政管理人员，尤其是行政领导者。

（2）行政决策内容：行政管理事务。

（3）行政决策过程：一种行政权力的运用过程。

（4）行政决策的目标：追求公共利益的最大化。

E 选项不合题意，直接排除。故本题答案为 ABCD。

33. 答案及解析：ABC。行政道德规范的基本特征：政治性、自律性、相对稳定性。

口诀："字"订正。故本题答案为 ABC。

34.答案及解析：AD。以行政管理规范的产生方式与运行机制相结合的标准，行政管理规范的类型为：（1）行政法律规范；（2）行政道德规范。

口诀：行政两规范，法律与道德。故本题答案为 AD。

35.答案及解析：ABDE。行政绩效评估的特点如下所述。

（1）系统性。（2）层次性。（3）定量性。（4）综合性。（5）公正性。（6）复杂性。

口诀：总功夫两层通。

选项 C 不属于行政绩效评估的特点，故排除。

三、简答题（共5题，共25分）

36.答案：

（1）研究行政职能有利于合理地确定行政活动的方向和重点。

（2）研究行政职能有利于加强行政组织建设。

（3）研究行政职能有利于促进行政管理科学化。

（4）研究行政职能有利于提高行政效率和效能。

37.答案：（1）客观性。（2）时效性。（3）共享性。（4）政治性。

38.答案：

（1）决策信息的收集和处理工作存在着信息失真的问题。

（2）决策方案的设计存在着"粗而不细"和专业化程度低的问题。

（3）决策方案的评估存在着"论而不证"的问题。

（4）决策方案的选择存在着民主化程度低的问题。

39.答案：运用行政手段的必要性如下所述。

（1）行政手段是社会、经济发展的需要。

（2）社会主义市场经济发展需要运用行政手段。

（3）运用行政手段是行政管理本身的要求。

40.答案：电子政务对行政技术手段的意义如下所述。

（1）电子政务有助于改善现有行政技术手段的信息基础和信息通信手段。

（2）电子政务有助于创立全新的行政技术手段和行政措施。

（3）电子政务为全面实现行政管理的自动化、信息化提供了技术手段。

四、论述题（共2题，共20分）

41. 答案：

（1）对行政权力以及行政行为的规范性或约束性作用是依法行政与以德行政的共同精髓所在。

（2）实现责任行政是依法行政与以德行政的共同目标。

（3）依法行政与以德行政具有一些共同的基本功能。

（4）依法行政是行政管理的基石，以德行政是依法行政的补充。

42. 答案：①责任落实作用；②比较优化作用；③计划辅助作用；④监控支持作用；⑤民主教育作用；⑥吸引资源作用。

五、材料分析题（共1题，共10分）

43.（1）答案：①信息的收集和处理；②决策方案的设计；③决策方案的分析、论证与选择；④决策方案的实施；⑤决策效果的评估。

（2）答案：①强化行政决策过程的信息工作；②强化行政决策过程的咨询工作；③强化行政决策的民主参与；④强化行政决策的制度建设。

模拟卷（二）

总分：100分

一、单选题（共25题，共25分）

1. 下列属于行政管理主体的是（　　　）

   A. 立法机关　　　　　　　　　　B. 司法机关

   C. 行政机关　　　　　　　　　　D. 党委机关

2. 科学管理理论的创始人是（　　　）

   A. 马克斯·韦伯　　　　　　　　B. 赫伯特·A. 西蒙

   C. 法约尔　　　　　　　　　　　D. 泰罗

3. 真正使行政生态研究成为一门系统的行政学分支学科并使其在学术界占有一席之地的是（　　　）

   A. 古立克　　　　　　　　　　　B. 约翰·M. 高斯

   C. 古德诺　　　　　　　　　　　D. 弗里德·雷格斯

4. 经济体制是一个国家或地区以社会经济组织为中心的各种具体经济制度与行为规范的总和，其核心就是（　　　）

   A. 科技发展水平　　　　　　　　B. 生产力发展水平

   C. 社会资源调配制度　　　　　　D. 国民财富分配状况

5. "守夜人"政府时期的基本主张是（　　　）

   A. 管得最少的政府就是最好的政府　　B. 政府全面干预社会经济生活

   C. 政府应"有所为，有所不为"　　　D. 政府应"有所进，有所退"

6. 改革开放以前，我国形成的政府职能模式是（　　　）

   A. 有限政府　　　　　　　　　　B. 有效政府

   C. 超强势政府　　　　　　　　　D. 智能型政府

7. 行政权力的目的是实现（　　　）

   A. 行政效率　　　　　　　　　　B. 公共利益

   C. 国家意志　　　　　　　　　　D. 党派利益

8. 在国家最高行政管理机构的组成方式上，美国实行（　　　）

   A. 委员会制　　　　　　　　　　B. 半总统制

   C. 内阁制　　　　　　　　　　　D. 总统制

9. 世界上唯一长期实行委员会制的国家是（　　　）

　　A. 瑞典　　　　　　　　　　　　B. 挪威

　　C. 瑞士　　　　　　　　　　　　D. 冰岛

10. 政府内部行政管理事务是指（　　　）

　　A. 作为行政机关的政府对内部财务的日常管理

　　B. 作为行政机关的政府为了有效地管理社会公共事务而维持自身组织活动所从事的所有
　　　管理事务

　　C. 作为行政机关的政府对内部人员的日常管理

　　D. 作为行政机关的政府对与私人事务相对应的各种社会公共事务的管理

11. 在行政组织构成要素中，决定行政组织运作形式的是（　　　）

　　A. 行政人员　　　　　　　　　　B. 行政体制

　　C. 行政组织行为　　　　　　　　D. 精神要素

12. 下列沟通方式中，可使办事程序简化，提高效率，增进合作的是（　　　）

　　A. 上行沟通　　　　　　　　　　B. 下行沟通

　　C. 平行沟通　　　　　　　　　　D. 单向沟通

13. 行政管理机构或行政管理者在管理政府内部行政事务或社会公共事务过程中，为促进社
　　会公共利益的实现，依法运用行政权力作出决定的过程是（　　　）

　　A. 行政决策　　　　　　　　　　B. 行政监督

　　C. 行政执行　　　　　　　　　　D. 行政组织

14. 有限理性决策模式理论的主要代表人物是（　　　）

　　A. 马克斯·韦伯　　　　　　　　B. 斯坦因

　　C. 杜鲁门　　　　　　　　　　　D. 赫伯特·A. 西蒙

15. 行政道德规范区别于行政法律规范的基本属性是（　　　）

　　A. 他律性　　　　　　　　　　　B. 稳定性

　　C. 自律性　　　　　　　　　　　D. 政治性

16. 在封建社会中，儒家思想的"德治"实质在于（　　　）

　　A. 维护国家稳定　　　　　　　　B. 营造良好的社会道德风气

　　C. 维持君臣关系　　　　　　　　D. 维护封建王朝的统治

17. "绩效"的别称不包括（　　　）

　　A. 后果　　　　　B. 效果　　　　　C. 业绩　　　　　D. 成绩

18. 行政组织根据一定的价值准则所设定的作为衡量行政绩效高低的一系列数据、标准的总和是（　　　）

　　A. 行政绩效评估体系　　　　　　　　　B. 行政绩效评估指标

　　C. 行政绩效评估的指标体系　　　　　　D. 行政绩效评估标准

19. 关注组织工作的质和社会效果的是（　　　）

　　A. 经济评估　　　　　　　　　　　　　B. 效率评估

　　C. 效益评估　　　　　　　　　　　　　D. 公平评估

20. 相对于 3E 指标，行政绩效评估的 4E 指标增加了（　　　）

　　A. 经济指标　　　　　　　　　　　　　B. 效率指标

　　C. 效益指标　　　　　　　　　　　　　D. 公平指标

21. 行政绩效评估过程的第一步是（　　　）

　　A. 制订计划　　　　　　　　　　　　　B. 初步调查

　　C. 管理控制评估　　　　　　　　　　　D. 详细评估

22. 空气、水、噪声污染等的测定需要采用（　　　）

　　A. 利用官方记录的方法　　　　　　　　B. 培训观测者的方法

　　C. 特别的资料收集方法　　　　　　　　D. 公众满意意见调查方法

23. 为了保证行政组织的有序化，必须坚持行政发展的（　　　）

　　A. 目标化　　　　　　　　　　　　　　B. 制度化

　　C. 弹性化　　　　　　　　　　　　　　D. 计划化

24. 行政发展的主要外部动力是（　　　）

　　A. 经济因素　　　　　　　　　　　　　B. 政治因素

　　C. 文化因素　　　　　　　　　　　　　D. 技术因素

25. 行政发展的基本途径是（　　　）

　　A. 技术创新　　　　　　　　　　　　　B. 行政改革

　　C. 市场发展　　　　　　　　　　　　　D. 社会进步

二、多选题（共 10 题，共 20 分）

26. 行政管理学的研究对象包括（　　　）

　　A. 国家行政机关对社会公共事务的管理

　　B. 国家行政机关对其内部事务的管理

C. 社会生活的微观管理

D. 私人领域的管理

E. 企业内部管理

27. 行政环境的基本属性包括（　　　）

A. 复杂性　　　　　　　　　　　　B. 相关性

C. 综合性　　　　　　　　　　　　D. 层次性

E. 动态性

28. 下列属于单一制国家的有（　　　）

A. 美国　　　　　　　　　　　　　B. 英国

C. 日本　　　　　　　　　　　　　D. 德国

E. 印度

29. 行政管理机构的作用包括（　　　）

A. 监察各种违法案件

B. 起草与制定法律

C. 执行和实施国家的法律、法规和政策

D. 行使国家的行政权力，对公共事务进行管理

E. 提供公共服务

30. 当代西方发达国家行政管理机构改革的主要内容包括（　　　）

A. 从"大政府"向"小政府"转变

B. 行政管理机构内部的决策与执行职能及机构分离

C. 行政管理机构的分权化

D. 强化综合协调行政管理机构及其职能

E. 行政管理机构设置的弹性化

31. 法律手段作为行政管理的基本手段，其主要特点是（　　　）

A. 灵活性　　　　B. 权威性　　　　C. 强制性　　　　D. 稳定性

E. 规范性

32. 政府对企业的电子政务包括（　　　）

A. 业绩评价系统　　　　　　　　　B. 电子采购与招标

C. 电子税务　　　　　　　　　　　D. 电子证照办理

E. 信息咨询服务

33. 以德行政的基本内容包括（   ）

  A. 行政机关和行政人员要以德修身

  B. 行政机关和行政人员要以德服众

  C. 行政机关和行政人员要以德行政，行德政

  D. 建立与形成良好的社会道德环境

  E. 建立与形成良好的法治环境

34. 行政绩效评估在现代公共行政中的作用可概括为（   ）

  A. 责任落实作用   B. 比较优化作用

  C. 计划辅助作用   D. 监控支持作用

  E. 民主教育作用

35. 我国现阶段大力开展和完善行政绩效评估，收到的效果包括（   ）

  A. 开展行政绩效评估能推进我国行政体制改革

  B. 行政绩效评估能够提高我国政府的行政绩效

  C. 行政绩效评估能改善和提高我国政府的信誉和形象

  D. 行政绩效评估能够推动政府的收入提高

  E. 行政绩效评估有利于建立公众对政府的信任

三、简答题（共5题，共25分）

36. 简述行政权力与行政责任之间的关系主要表现在哪几个方面？

37. 简述行政管理机构改革的主要外部原因。

38. 简述行政执行的主要环节。

39. 简述行政绩效评估的特点。

40. 简述公平评估指标的类型。

四、论述题（共2题，共20分）

41. 试述行政绩效评估的程序。

42. 试述中国特色的行政发展途径。

五、材料分析题（共1题，共10分）

43.

　　党的十八大以来，国务院着力推进政务信息公开，各级地方政府也制定印发了全面推进政务信息公开的实施细则，确保每一项政务公开的程序规范。Y市制定了《全面推进政务公开工作实施细则》，重点在三个方面推进工作落实。一是完善规范政务信息公开制度，主要包括规范公文办理和会议办理程序、加强权责清单和公共服务清单统一规范、建立完善政务公开事项目录三方面；二是加强政策解读和舆情回应，主要包括强化政策解读发布、积极回应社会关切两方面；三是提升政务公开平台建设水平，主要包括强化政府网站建设和管理、积极推进政务数据共享开放、规范新媒体政务信息发布、发挥好政府公报的标准文本作用、优化提升政务服务网五个方面。在政务信息公开方面，Y市特别要求对重大突发事件的政务舆情进一步明确时限要求，要力争在3小时内、最迟不超过5小时发布权威信息，24小时内举行新闻发布会，并根据工作进展情况，在政府门户网站设立专题，实时发布有关政策、处置情况等权威信息。

　　问题：结合案例，谈谈行政信息公开化的主要作用。

模拟卷（二）答案及解析

一、单选题（共25题，共25分）

1. 答案及解析：C。根据行政管理的特点，行政管理的主体是国家行政机关。立法机关、司法机关和党委机关都不是国家行政机关，故此题选择C。

2. 答案及解析：D。题干关键词：科学管理理论。本题考查人物与理论的对应关系。

官僚组织理论的提出者：韦伯。（口诀：官位）

管理过程理论的提出者：法约尔。（口诀：罚过）

科学管理理论的提出者：泰罗/泰勒。（口诀：科泰）

有限理性决策理论的提出者：西蒙。（口诀：游戏）

3. 答案及解析：D。题干关键词：真正使行政生态研究成为系统学科。本题要求能够区分不同学者的贡献。

高斯——首先提出行政环境问题并予以研究的美国学者。

雷格斯——真正使行政生态研究成为一门系统的行政学分支学科，并使其在学术界占据一席之地的学者。

古立克——提出著名的POSDCRB七功能说。

古德诺继威尔逊之后，在《政治与行政》一书中进一步提出了政治与行政"两分法"的观点。本题重点区分高斯与雷格斯的贡献。口诀：高手、真累。

4. 答案及解析：C。本题的破题点在于：经济。经济体制的核心就是社会资源调配制度。无论是计划经济体制还是市场经济体制都是社会资源的调配手段。故此题选择C。

5. 答案及解析：A。题干关键词："守夜人"政府时期。"守夜人"政府时期主张对经济的干预很少。选项A属于"守夜人"政府时期的基本主张。选项B属于"积极干预"政府时期的基本主张。选项CD属于有限政府时期的主张。

6. 答案及解析：C。题干关键词：改革开放以前。改革开放以前，政府以直接的行政手段广泛干预社会经济生活，行政职能过分膨胀，"无所不在、无所不知、无所不能、无所不管"，形成了所谓的"全能政府"或"超强势政府"的职能模式。故本题选择C。

7. 答案及解析：C。本题的关键在于考查行政权力的目的而不是直接目的。

（1）行政权力的根本目标：执行国家意志和实现公共利益。

（2）行政权力的目的：实现国家意志。

（3）国家行政权力的直接目的：行政效率。

8. 答案及解析：D。本题考查不同类型的国家最高行政管理机构组成方式的代表国家。内阁制：英国。总统制：美国。半总统制：法国。委员会制：瑞士。

9. 答案及解析：C。世界上唯一长期实行委员会制的国家是瑞士。冰岛实行半总统制。

10. 答案及解析：B。政府内部行政管理事务就是指作为行政机关的政府为了有效地管理社会公共事务而维持自身组织活动所从事的所有管理事务。

社会公共行政事务，是指作为政府行政管理对象的、与社会公众生活密切相关的、涉及公共产品生产和公共服务提供的、与私人事务相对应的各种社会公共事务。故本题选 B。

11. 答案及解析：B。行政组织的四个要素如下所述。

（1）行政职位。这是行政组织中最基本的构成要素，是行政组织系统的构成"细胞"。

（2）行政人员。这是行政组织中最活跃的因素。

（3）行政体制。这一要素决定了行政组织的运作形式。

（4）精神要素。精神要素是构成行政组织的主观因素。

C 选项不属于行政组织构成要素。

12. 答案及解析：C。上行沟通——由于角色地位感，容易产生心理距离及沟通障碍，在传统组织中一般不被重视，比较脆弱。

下行沟通——可以增进上下级之间的相互了解，并促进下级行政人员的参与感。

平行沟通——可使办事程序简化、节省时间、提高效率，并增强合作，能比较迅速地处理工作事务。

单向沟通——优点是沟通快捷，发送信息的一方不会受到另一方的批评或挑战，可以维护行政领导的尊严；其缺点是沟通意见可能不一致，接受者对接收的信息不能提出自己的意见想法，只能一味执行，因此会带来挫折和抗拒心理。

故本题答案为 C。

13. 答案及解析：A。行政决策——行政管理机构或行政管理者在管理政府内部行政事务或社会公共事务过程中，为促进社会公共利益的实现，依法运用行政权力作出决定的过程。

行政监督——对国家行政机关及其公务员的行政管理活动依法进行的监督，可见行政监督实质是监督行政。

行政执行——行政管理机构在其权力和职责范围内依法实施行政决策方案以实现行政决策目标的过程。

选项 D 为干扰项，故排除。本题答案为 A。

14. 答案及解析：D。

官僚组织理论——马克斯·韦伯。

财务行政理论——斯坦因。

《政府之过程》——杜鲁门。

有限理性决策模式——西蒙。

15. 答案及解析：C。行政道德规范的基本特征：政治性、自律性、相对稳定性。

政治性：行政道德规范是国家行政机关与行政人员的职业道德规范。

自律性：自律性是行政道德与一般道德的共性之一，也是行政德规范区别于行政法律规范的基本属性。

故本题选择C。

16. 答案及解析：D。德治，既包括统治者自身如何受制于礼，为政以德，又包括如何对被治者齐之以礼，道之以德，以保证国家与社会秩序的有序运行，构成了中国传统的主流治国理念。在儒家思想中，德治的实质在于维护封建王朝的统治。本题答案为D。

17. 答案及解析：A。"绩效"也称"业绩""成绩""效果"等，指的是个人或组织开展的活动所取得的成就或产生的积极效果。故本题答案为A。

知识拓展：行政绩效就是行政机关利用法律、政策等手段进行社会管理活动和自身管理活动所取得的工作成就以及积极效果。

18. 答案及解析：C。本题考查行政绩效评估的指标体系的定义。

行政绩效评估的指标体系是行政组织根据一定的价值准则所设定的作为衡量行政绩效高低的一系列数据、标准的总和。

助记：行政组织（谁）—价值准则（条件）—衡量行政绩效（目的）—数据、标准总和（结果）。

19. 答案及解析：C。根据评估的方法划分，行政绩效评估指标体系如下所述。

（1）经济评估指标：经济评估指标要求的是以尽可能低的投入或成本，提供与维持既定数量和质量的公共产品或服务。

（2）效率评估指标：效率评估主要测定产出与投入的关系。

（3）效益评估指标：效益评估关注的是组织工作的质和社会效果。

（4）公平评估指标：公平指标通常是指接受行政机关服务的团体或个人所获得的公正性。

20. 答案及解析：D。行政绩效评估的3E指标：经济（economy）、效率（efficiency）和效益（effectiveness）。

行政绩效评估的4E指标：经济（economy）、效率（efficiency）、效益（effectiveness）和公平（equity）。

21.答案及解析：A。行政绩效评估的程序：（1）制订计划。（2）初步调查。（3）管理控制评估。（4）详细评估。（5）撰写评估报告。行政绩效评估过程的第一步是制订计划。

22.答案及解析：C。特别的资料收集方法：有些绩效的衡量需要借助特别的设备来获得资料，如空气、水、噪声污染等的测定。路面平整度的测量也是一个例子。C 选项正确。

23.答案及解析：B。为了保证行政组织的有序化，必须坚持行政发展的制度化。本题答案为 B。

知识拓展：行政发展的目标之一就是把非正规化和低组织化的行政行为转变为高度正规化和高度组织化的行政行为。

24.答案及解析：B。行政发展的外部动力包括：经济因素、政治因素、文化因素和技术因素。其中，政治对行政发展的影响最为直接和紧密，政治是行政发展的主要外部动力。故本题选择 B。

25.答案及解析：B。为了实现行政发展，必须进行行政改革，因而行政发展的基本途径是行政改革。故本题答案为 B。

知识拓展：行政发展途径是指促进或实现行政发展的方法、手段和路径的总和。

二、多选题（共 10 题，共 20 分）

26.答案及解析：AB。行政管理学的研究对象包括两个方面：其一是国家行政机关对社会公共事务的管理，其二是国家行政机关对其内部事务的管理。

速记：社会公共＋行政内部。

27.答案及解析：ABCDE。行政环境的基本属性：复杂性、相关性与综合性、层次性、动态性。

口诀：总管层、副董。

28.答案及解析：BC。题干关键词：单一制。本题要求能够区分实行联邦制的主要国家和实行单一制的主要国家。

实行联邦制的主要国家——美国（最为典型）、德国、澳大利亚、巴西、印度。（口诀：联美德度澳巴）

实行单一制的主要国家——英国、法国、日本。（口诀：英法一日）

29.答案及解析：CDE。行政管理机构的作用如下所述。

（1）执行和实施国家的法律、法规和政策。

（2）行使国家的行政权力，对公共事务进行管理。

（3）提供公共服务。

CDE 选项正确，B 选项涉及立法机关的职能，A 选项涉及监察机关的职能。

30. 答案及解析：ABCDE。当代西方发达国家行政管理机构改革的主要内容如下所述。

（1）从"大政府"向"小政府"转变。

（2）行政管理机构内部的决策与执行职能及机构分离。

（3）行政管理机构的分权化。

（4）强化综合协调行政管理机构及其职能。

（5）行政管理机构设置的弹性化。

记忆词：（1）转变："大政府"—"小政府"；（2）分离：决策—执行；（3）机构：分权化、弹性化、协调职能。

31. 答案及解析：BCDE。法律手段的特点包括：①权威性；②强制性；③稳定性；④规范性。

口诀：文归强权。

32. 答案及解析：BCDE。

政府对企业的电子政务主要包括如下内容。

（1）电子采购与招标。

（2）电子税务。

（3）电子证照办理。

（4）信息咨询服务。

（5）为中小企业提供电子服务。

业绩评价系统属于政府间的电子政务的内容。

33. 答案及解析：ABCD。以德行政包含几个方面的内容。

（1）行政机关和行政人员要以德修身。

（2）行政机关和行政人员要以德服众。

（3）行政机关和行政人员要以德行政，行德政。

（4）建立与形成良好的社会道德环境。

口诀：修身服众行政环境。

E 选项是依法行政相关的内容，故本题的正确选项为 ABCD。

34. 答案及解析：ABCDE。行政绩效评估的作用和功能包括：①责任落实作用；②比较优化作用；③计划辅助作用；④监控支持作用；⑤民主教育作用；⑥吸引资源作用。故本题答案为 ABCDE。

口诀：空笔记择饺子。

35. 答案及解析：ABCE。我国现阶段大力开展和完善行政绩效评估，收到以下几方面的效果。

（1）开展行政绩效评估能推进我国行政体制改革。

（2）行政绩效评估能够提高我国政府的行政绩效。

（3）行政绩效评估能改善和提高我国政府的信誉和形象：政府向公众公开所面临的困难和问题，并展示其为提高行政绩效所做的努力及其结果，有利于克服公众对政府的偏见，建立公众对政府的信任。D 选项为无关选项，直接排除。

三、简答题（共 5 题，共 25 分）

36. 答案：

行政权力与行政责任之间的关系主要表现在以下几个方面。

（1）就行政责任的性质而言，由于行政权力的公共性，决定了行政责任是一种公共责任。

（2）就行政责任的产生而言，行政责任是一种基于行政职权关系而产生的责任。

（3）就行政责任的大小而言，行政责任是一种与行政权力相对等的责任。

37. 答案：

（1）经济体制转变会导致行政管理机构的变革。

（2）政治制度的转变和更迭导致行政管理机构的变革。

（3）社会发展程度也影响到行政管理机构的变革。

（4）国际环境的转变也会激发行政管理机构的变革。

38. 答案：

（1）行政计划。

（2）行政动员。

（3）行政指挥。

（4）行政协调。

（5）行政控制。

39. 答案：

行政绩效评估的特点如下所述。

（1）系统性。

（2）层次性。

（3）定量性。

（4）综合性。

（5）公正性。

（6）复杂性。

40. 答案：

公平评估指标的类型如下所述。

（1）单纯的个人公平。

（2）分部化的公平。

（3）集团性的公平。

（4）机会公平。

（5）代际公平。

四、论述题（共2题，共20分）

41. 答案：

（1）制订计划。具体包括制订计划的目的、计划的具体内容、书面计划。

（2）初步调查。在绩效评估中，进行初步调查的目的是使评估人员在较短的时间内，获得与被评估单位或被评估事项有关的背景资料和一般信息，以便对被评估单位及被评估事项有深入的了解。

（3）管理控制评估。当初步调查结束后，评估人员应进一步了解、测试与评估事项有关的管理控制。

（4）详细评估。具体包括详细评估的目的和详细审查的内容。

（5）撰写评估报告。详细评估以后，评估人员应该拟订书面报告，传达每一项评估结果。

42. 答案：

（1）立足于中国国情。

（2）坚持行政改革为经济建设服务。

（3）坚持渐进式改革。

（4）坚持正确处理改革、发展和稳定的关系。

（5）借鉴国外行政改革经验与吸收我国传统行政精华并举。

（6）推进政府治理体系和治理能力的现代化。

五、材料分析题（共1题，共10分）

43. 答案：

（1）行政信息公开化有助于促进民主行政的发展。

（2）行政信息公开化有利于人民的生活和工作。

（3）行政信息公开化有利于防止行政权力的腐败。

（4）行政信息公开化有助于促进行政效率的提高。